Karl-Wilhelm Weeber

Flirten wie die
alten Römer

❖

Artemis & Winkler

Bibliografische Information der Deutschen Nationalbibliothek
Die Deutsche Nationalbibliothek verzeichnet diese Publikation
in der Deutschen Nationalbibliografie;
detaillierte bibliografische Daten sind im Internet
über http://dnb.d-nb.de abrufbar.

2. Auflage 2010
Patmos Verlag GmbH & Co. KG
Artemis & Winkler Verlag, Mannheim
© 1997 Patmos Verlag GmbH & Co. KG
Artemis & Winkler Verlag, Düsseldorf und Zürich
Alle Rechte vorbehalten
Umschlagmotiv: Sir Lawrence Alma-Tadema, Eine Frage, 1879,
© Sotheby's / akg-images
Umschlaggestaltung: init . Büro für Gestaltung, Bielefeld
Printed in Austria
ISBN 978-3-538-03129-6
www.artemisundwinkler.de

Inhalt

Einführung

Flirten ist »in«. Zumindest dann jedenfalls, wenn sich der »Zeitgeist« im Angebot von »Flirtkursen« oder sogar »Flirtschulen«, Illustrierten-Artikeln zum Thema »Flirten« und dem Anschwellen der einschlägigen Ratgeber-Literatur manifestiert. Sehr zu seiner Überraschung entdeckte der Autor kürzlich einen ganzen Stapel einer derartigen »Flirthilfe« speziell für Studierende in einer Universitätsbuchhandlung – was ihn nicht ganz neidlos die stille Frage an ihn selbst stellen ließ, ob sein in der Entstehung begriffenes Büchlein über Flirten im alten Rom wohl in ähnlichen Mengen einen Verkaufstisch dereinst zieren werde. Ein kulturgeschichtliches Sachbuch über Partnersuche und Liebesgeplänkel auf der Grundlage der »Liebeskunst« Ovids unter Bestseller-Verdacht – so zeitgeist-aktuell hatte er sich das Thema nun auch wieder nicht vorgestellt, als er mit der Arbeit daran angefangen hatte.

Zudem manches zur Skepsis riet: Noch während ich mit der Abfassung des Büchleins beschäftigt war, habe ich die eine oder andere Stimme von sehr urteilsfähigen Männern vernommen, dahingehend, ob es nicht etwas Bedenkliches und höchst Riskantes sei, das vielberüchtigte Buch einer Spezialbehandlung zu unterziehen.

Diese Bedenken sind, der aufmerksame Leser wird es trotz der fehlenden Anführungsstriche erkannt haben, nicht ganz so aktuell: Sie entstammen dem Vorwort des Kommentars zur ovidischen »Ars amatoria«, den Paul Brandt im Jahre 1902 veröffentlichte. Das war im Wilhelminischen Zeitalter ein wahrhaft mutiges Unterfangen. Wie sich nicht nur an Brandts Vorwort erkennen läßt, in dem er sich gegen zu erwartende Kritik aus dem Lager der Moralisten verteidigt, sondern auch aus der geradezu *ex cathedra* verkündeten Mißbilligung dieses anstößigen, angeblich im »Ton lüderlicher Frivolität« daher kommenden lateinischen Klassikers in einflußreichen Handbüchern nicht minder einflußreicher Philologen. Otto Ribbeck geißelte in seiner »Geschichte der römischen Dichtung« von 1900 die vermeintliche Lüsternheit der Darstellung: Ovid halte »die geschlechtliche Wollust für das beseligende Prinzip«. Als gefährlich brandmarkte Martin Schanz in der »Geschichte der römischen Literatur« von 1892 die »Ars amatoria«, reiche sie doch infolge ihrer poetisch glänzenden Technik »mit Honigseim versüßt... das Gift« der Unmoral dar. In der von ihm bearbeiteten Auflage von 1935 hat Carl Hosius das Schanz'sche Verdikt etwas entschärft. Aber auch er ist sich sicher, daß »nur ein so oberflächlich angelegter Mann« wie Ovid ein solches leichtfertiges Werk »ohne einen tiefen sozialen oder ethischen Hintergrund schaffen« konnte.

Werturteile dieser Art hatten schon vor der Prüderie der Wilhelminischen Ära eine lange Tradition – was der Popularität der »Liebeskunst« als erotische Lektüre keinen Abbruch getan hat. Im Gegenteil. Der erhobene Zeigefinger der moralinsauren Schreibtischphilologen war allemal ein Anreiz, die »Ars« mit heimlichem Vergnügen zu lesen – und vielleicht hat, wer weiß, der eine oder andere als Privatmann eben die Lektüre hochgeschätzt, die er als »Amtsperson« mit tiefem Abscheu aus den

Buchregalen und vor allem aus den Köpfen seiner Schüler und Studenten verbannen wollte.

Auch solche Bigotterie blickt auf eine fast zweitausendjährige Tradition zurück. Am Anfang dieser bemerkenswerten Rezeption steht kein Geringerer als Kaiser Augustus. Obwohl in seinem Privatleben alles andere als ein moralischer Rigorist, schickte er Ovid unter anderem wegen der »Liebeskunst« ins Exil ans Schwarze Meer. Die war ihm nämlich zu wenig staatstragend, weil Ovid aus seiner Sympathie für die freie Liebe keinen Hehl machte und damit in den Augen des Kaisers seine Sittengesetzgebung massiv unterlief. Aus seiner Sicht verständlich, war doch Ovid, selbst als seine erotische Dichtung aus allen öffentlichen Bibliotheken entfernt worden war, noch der beliebteste und meistgelesene Autor seiner Zeit.

Wer nun aufgrund dieses kurzen Rückblicks auf die Wirkungsgeschichte unseres »Erotik-Klassikers« pornographische Enthüllungen oder dergleichen erwartet, täuscht sich gehörig. Aus heutiger Sicht ist die ganze Aufregung über die vermeintliche »Liederlichkeit« dieser antiken Liebeslehre kaum noch zu verstehen. Verglichen mit der Direktheit und Plattheit in der Darstellung von Sexuellem, den verbalen Obszönitäten und der unverhohlenen Lust an der Lüsternheit, an die wir uns in TV-Programmen auch schon vor 23 Uhr gewöhnt haben, kommt die ovidische »Liebeskunst« geradezu zurückhaltend daher. Hier und da eine ordentliche Prise Frivolität – das ja; durchweg ein unverkrampftes Verhältnis zur Sexualität als wichtiger Grundlage menschlicher Existenz – auch das; das Bekenntnis dazu, daß das Verhältnis der Geschlechter zueinander auch durch allerlei spielerische Formen und taktisches Rollenverhalten geprägt ist (und sein sollte) – natürlich; denn das ist ja die Voraussetzung dafür, daß man im erotischen Bereich etwas lehren und lernen kann.

In der Vermittlung dieses Lernstoffes aber erweist sich unser *praeceptor amoris* (»Liebeslehrer«) als überaus kultiviert und geschmackvoll. Heiterkeit und Ironie, Selbstdistanz und schmunzelndes Beobachten prägen seine Einstellung zum Thema, ab und zu auch Respektlosigkeit und humorvoller Biß. All das macht den Charme des kleinen Werks aus, das mit der Gattung Lehrgedicht parodierend spielt und coch auch ernsthaft belehren will.

Die »Ars amatoria« ist rund 2000 Jahre alt. Das erste Buch wurde wahrscheinlich im Jahre 1 v. Chr. veröffentlicht, möglicherweise auch schon etwas früher. Ihre Aktualität 2000 Jahre später bezieht sie nicht aus der oberflächlichen Parallelität, daß man erst heute wieder – nach der »sexuellen Revolution« im Gefolge der 68er-Bewegung – so offen über Erotik und Sexualität sprechen dürfe, wie Ovid es »gewagt« habe. Und eben schon gar nicht aus der Fehleinschätzung, Ovid sei ein Vorläufer mancher schrillen und dumpfen Sexkonsum-Einstellungen heutigen Zuschnitts.

Das Gegenteil ist der Fall. Das Programm, für das Ovid wirbt, könnte man auf die Kurzformel »Eros als Kultur« bringen. Liebe und Liebelei als kultiviertes Spiel zwischen den Geschlechtern mit Werbe- und Hinhaltestrategien, mit erotischen Finessen und zärtlichem Geplänkel, mit Leidenschaft und Hingabe, aber ohne Verbissenheit und Verkrampftheit, mit augenzwinkernder Berechnung und Gegen-Berechnung – das ist die erotische Lektion, die Ovid seine Zeitgenossen lehrt. Und nicht nur sie: Daß *diese* Lektion an Aktualität verloren hätte, vermag nicht so recht einzuleuchten.

Diese Aussage beschränkt sich nicht nur auf ewig junge Flirt-Tips und Ratschläge zum Aufbau und zur Festigung einer Liebesbeziehung. Sie umfaßt auch die gesamte Liebes-»Philosophie« Ovids, die ungemein modern anmutet. Sie gründet nämlich auf den Gedanken der Partnerschaft. Ovid versteht sich als fairer Makler, der beiden Geschlechtern Angriffs- und Verteidigungs-»Waffen« im Liebeskampf an die Hand gibt. Auch wenn sich zwei der drei Bücher der »Ars« an den Mann wenden und Ovid »nur« im dritten Buch den Frauen Hilfestellung beim Flirten und Becircen der Männer gibt, atmet doch die gesamte »Liebeskunst«

einen ausgesprochen partnerschaftlichen Geist. Die Frau ist nicht reines »Sexualobjekt« oder »Spielzeug«; sie wird als Person ernst genommen – bis hin zu der für das Altertum (nur für das Altertum?) keineswegs selbstverständlichen Forderung, daß auch sie nicht nur erotischen Genuß beim »Tändeln«, sondern ebenso sexuelle Erfüllung durch den Orgasmus finden solle.

Ein ausgesprochen humanes Potential ist in dieser Konzeption geborgen. Und es verwundert, daß *dieses* Potential erst jetzt entdeckt wird. Auch wenn ausgewählte Partien der »Ars« allmählich in den schulischen Lateinunterricht Eingang finden – Ribbeck und Schanz sähen vermutlich, erlebten sie das noch, den endgültigen Untergang des Abendlandes heraufdämmern –, hat sich doch noch keineswegs überall in der Altertumswissenschaft die Erkenntnis durchgesetzt, die Niklas Holzberg so formuliert: »In dem Streben nach Humanität in der Beziehung zwischen Mann und Frau, das aus der geistigen Auseinandersetzung mit der zeitgenössischen Liebespoesie entwickelt wird, zeigt sich bereits ein ernsthaftes Grundanliegen der ›Ars amatoria‹, das das Werk nun tatsächlich in nächste Nähe zu modernen Postulaten auf der Grundlage neuerer Erkenntnisse der Psychologie und Sexualwissenschaft rückt.«[*]

Die Motive, die Ovid aufgreift und systematisiert, sind in der erotischen Literatur der Antike vorgeprägt und in mannigfacher Weise variiert. Auf diesen allgemeinen Erfahrungsschatz greift auch die vorliegende Darstellung zurück. Wenngleich die ovidische »Liebeskunst« durchgängig der Bezugsrahmen bleibt, so erschien es doch sinnvoll, hier und da die Grundlage durch Einbeziehung anderer Quellen etwas zu verbreitern – manchmal auch, um das was Ovid an Wissen und amouröser Vorbildung aufgrund anderer Lektüre voraussetzt, zu ergänzen.

Warum überhaupt dieses Buch zum Thema »Flirten«? Warum

---

[*] N. Holzberg in: Ovid, Liebeskunst/Heilmittel gegen die Liebe, München/Zürich ⁴1999, S. 274.

11

nicht gleich die »Liebeskunst« Ovids ohne Brechung durch eine andere Perspektive lesen? Die Frage ist nur zu berechtigt – zumal ein Sachbuch zwar die Inhalte einigermaßen zuverlässig wiedergeben kann, die bewundernswerte poetische Formung und literarische Durchdringung des Stoffes aber – und damit die ästhetisch-künstlerische Wirkung – völlig verloren geht. Die beste Möglichkeit, die »Ars« zu genießen, ist in der Tat die eigene Lektüre, und zwar im Original.

Allerdings bauen sich vor dem modernen Rezipienten allerlei Lesewiderstände auf. Er ist vielleicht nicht so vertraut mit der Welt der mythologischen Gestalten, die sich in der »Ars« zur Veranschaulichung oder als »Argumentationsinstanzen« nur so tummeln. Und es fehlt ihm möglicherweise der kulturgeschichtliche Hintergrund, um zu verstehen, warum das Theater im alten Rom ein so vorzüglicher »Jagdgrund« für liebeswillige Männer und Frauen gewesen ist, wieso das Gastmahl eine erotischen Absichten sehr förderliche Atmosphäre schuf oder welche Schwierigkeiten beim Austausch von Liebesbriefen zu überwinden waren. Es fällt also auch auf der Sachebene reichlich Dolmetscherarbeit an. Diese möchte das vorliegende Bändchen leisten, das sich gleichermaßen als kulturgeschichtliches Sachbuch wie als Flirt-»Ratgeber« mit durchaus praktikablen Tips versteht.

Michael von Albrecht hat die ovidische »Liebeskunst« als »heiteres Gegenstück zu Ciceros Traktat ›Über die Pflichten‹«* bezeichnet. In der Tat: So wie das ernste philosophiegeschichtliche Werk Ciceros Einblick in römisches Denken gibt, so führt uns das »leichtere« Pendant Ovids auf vergnügliche Weise nicht nur in den Alltag der alten Römer ein, sondern vermittelt uns auch einen ganz anderen Aspekt von »Römertum« – einen, der so gar nicht zu dem weit verbreiteten Klischee von »den« Römern passen will. Und doch gehören beide Werke zu einer geistes- und

---

* M. v. Albrecht in: Ovid, Ars amatoria / Liebeskunst, Stuttgart 1992 [u. ö.], S. 222.

mentalitätsgeschichtlichen Tradition, die sich bis in unsere Gegenwart erstreckt. Deren ungebrochene Aktualität am Beispiel Liebeswerbung, Liebespartnerschaft und Psychologie von Verliebten deutlich werden zu lassen, ist ein wichtiges Anliegen dieser Darstellung. Wenn eine solche Hinführung zusätzlich Lust darauf machen sollte, die »Ars amatoria« Ovids oder die Liebeselegien eines Properz und Tibull selbst in die Hand zu nehmen und »direkt« zu lesen – der Autor wäre begeistert.

Erotische Jagdgründe im alten Rom

❖

Eine alternative Ruinen-Führung

Wenn das Caesar wüßte ... – Der verliebte Rechtsanwalt

Die Moral der Touristengruppe gerät allmählich ins Wanken. Einige lehnen sich erschöpft gegen ein Geländer, andere schauen sehnsüchtig auf die an der *Via dei Fori Imperiali* geparkten Wagen der Eis- und Getränkeverkäufer, die – sündhaft hohen Preisen zum Trotz – mit ihren Erfrischungen zu einer Unterbrechung der strapaziösen Führung verlocken: Ein Teil erwartet in leicht resignativer Stimmung – Kapitol, altrömisches Staatsgefängnis und Überblicksvortrag über das Forum Romanum liegen bereits hinter ihnen – das restliche Programm, und nur ein harter Kern unermüdlich Interessierter folgt aufmerksam den Erläuterungen des engagierten Führers. Man steht vor den Ruinen des Forum Iulium. Der »große« Caesar hat diesen großzügigen Platz mit Säulenhallen, Geschäften und Gerichtsräumen anlegen lassen. Er hat viel Geld in die aufwendige Anlage gesteckt – eine profitable Investition zur Mehrung des Ruhmes einer Familie, die ihren Ursprung auf Venus zurückführte. Der Tempel der Liebesgöttin, der Stammutter von Caesars *gens Iulia*, steht folgerichtig im Mittelpunkt des repräsentativen Forums.
»Haben Sie das gesehen?« unterbricht der Führer plötzlich seinen ruhigen Vortrag, »da hinten, an der rechten Säule?« Der überraschte Ausruf sichert ihm augenblicklich die Aufmerksamkeit der gesamten Gruppe. Alle Köpfe wenden sich der äußersten

der drei noch aufragenden Säulen des Venus-Tempels zu. Kurz danach fragende Blicke zum Reiseführer und Murmeln, das vorsichtig signalisiert, man habe nichts gesehen. »Da war sie wieder, ganz kurz hat sie hinter der Säule hervorgelugt – wirklich eine stattliche Erscheinung! Und dieses mild-triumphierende Lächeln! Hat sie uns nicht sogar ein Auge zugekniffen? Oder, genauer gesagt, Ihnen, Herr Gromeier?«

Herr Gromeier ist genauso irritiert wie der Rest der Gruppe. Was ist in ihren sonst so sachlich-nüchternen Cicerone gefahren? Sie alle haben nichts gesehen – außer den drei wiederaufgerichteten Säulen des Tempels mit ihren korinthischen Kapitellen und den arg gerupften Resten des Architravs darüber. Von einer stattlichen Frau aber und ihrem ominösen Lächeln keine Spur.

»Sie sind doch Rechtsanwalt, Herr Gromeier, nicht wahr?« hören die erstaunten – und wieder sehr lebendig gewordenen – Rom-Besucher ihren Führer fragen. »Ja, sicher, aber was hat das mit dem Caesar-Forum und Ihrer imaginären Dame zu tun, die offenbar kein Mensch außer Ihnen gesehen hat?« fragt Gromeier zurück. Die gleiche Frage steht den anderen ins Gesicht geschrieben.

»Da haben also wohl alle ihren Ovid nicht gelesen«, stellt der Reiseführer nach einer Weile gespannten Schweigens schmunzelnd fest. Und er löst die Spannung, die sich in der Gruppe aufgebaut hat, indem er den berühmten Passus vom verliebten Rechtsanwalt aus der »Liebeskunst« *(Ars amatoria)* referiert.

Bei der Aufzählung der »Jagdgründe«, wo der nach einem Mädchen Ausschau haltende Mann fündig werden kann, führt Ovid seine Leser auch zum Forum Iulium. Ein Liebesabenteuer, das ausgerechnet auf einem Forum seinen Ausgang nimmt – dort, wo gewöhnlich in Prozessen wortreich und laut gestritten wird? Aber sicher!, bekräftigt Ovid. Und führt das Beispiel des Rechtsanwalts an, der dort, just an der Stätte seiner größten rhetorischen Triumphe, auf einmal ganz kleinlaut wird, weil Amors Pfeil ihn getroffen hat.

Vorher um keine spitzzüngig-elegante Formulierung verlegen, sucht er jetzt verliebt nach Worten, stottert wie ein Anfänger herum. Daß seinen Klienten kein Leid geschah, darum hat er stets mit Engagement und Geschick gekämpft; für sich selbst aber, in seinem eigenen »Kampf« mit Amor, kann er nichts, aber auch gar nichts tun. Und ganz plötzlich ist dem routinierten, in zahlreichen Prozeßschlachten erprobten Herrn Rechtsanwalt ein völlig neuartiger – und, wie es scheint, recht aussichtsloser – Fall erwachsen: seine eigene Sache zu vertreten. Auf dem Forum Iulium, beim Anblick eines hübschen Mädchens, hat es ihn erwischt: Aus dem selbstsicheren und einflußreichen Anwalt für andere ist ein armseliger Bittsteller in eigener Sache geworden – eine Metamorphose, wie nur Liebe auf den ersten Blick sie bewirken kann. Ein Schauspiel zudem, das der Göttin der Liebe besonderen Spaß macht. Und so lugt Venus hinter einer Säule aus ihrem Tempel hervor und schaut mit amüsiert-triumphierendem Lächeln zu ihrem »Opfer« hinüber.[1]

Quod erat demonstrandum: Natürlich ist das Forum Iulium, sind die anderen, vielbevölkerten Foren hervorragende Jagdgründe für alle, die auf Freiersfüßen wandeln[2] – so intensiv »wirkende« zudem, daß sich sogar der gar nicht auf Brautschau erpichte, »coole« Gerichtsprofi urplötzlich in den Fängen Amors wiederfindet.

Um zu unserer Touristengruppe zurückzukommen: Was spricht eigentlich dagegen, den Aufmerksamkeit erheischenden Gag des Reiseführers aufzugreifen und eine alternative Besichtigungstour durch das antike Rom zu organisieren? Will sagen: heutige Rom-Besucher einen Tag lang über jene Ruinen-Stätten in der Ewigen Stadt schlendern zu lassen, die vor 2000 Jahren als vielverheißende Ausgangspunkte für Flirts und mehr gehandelt wurden? Eine kulturgeschichtliche Spurensuche auf den erotischen Schau-Plätzen der alten Römer: Das könnte doch eine anregende Akzentuierung einer Führung sein, die ihre »Opfer« nicht so schnell in Ermüdung, Lustlosigkeit oder Resignation entläßt.

Versuchen wir's mal – erleben wir die Überreste des antiken Rom mit den Augen des jungen Mannes oder der jungen Frau, die das suchen, was Ovid mit für ihn ganz ungewöhnlich nüchterner Sachlichkeit *materia amori,* »Stoff für Liebe«, nennt.[3] Wohin ging man, wenn man zarte Bande knüpfen wollte?

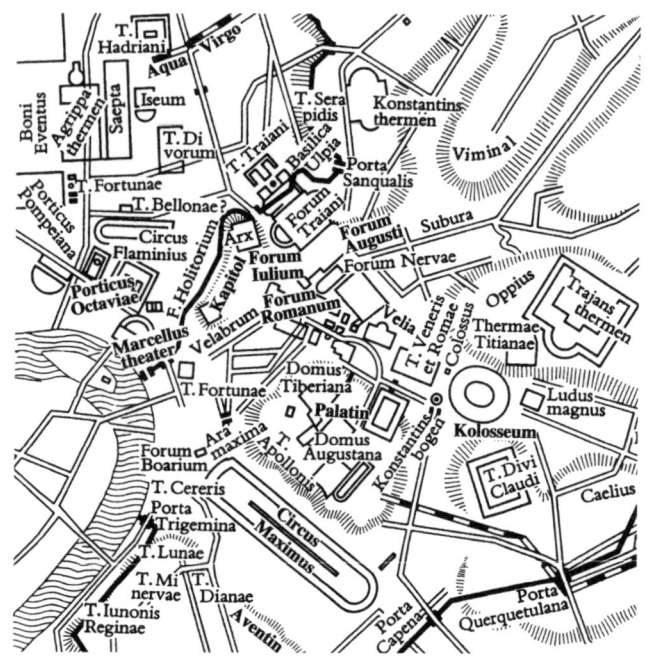

»Angeln« im Menschenmeer des alten Rom

Was für das Forum Iulium galt, traf natürlich auch auf das schräg gegenüberliegende Forum des Augustus zu. Auch das war wie alle Foren – auch die später entstandenen weiteren Kaiserforen – ein stark frequentierter Ort. Kein Wunder, denn es lag im Herzbereich der City – und der war stets mit Menschen überfüllt. Dort strömten die Römer zusammen; die einen, um einzukaufen, die anderen, um am öffentlichen Leben – politischen Versammlungen, Prozessen usw. – teilzunehmen, wieder andere, um einen der vielen Tempel der Innenstadt aufzusuchen, oder auf dem Weg zu einer der großen Massenvergnügungsstätten, und schließlich das Heer all derer, die sich ohne konkretes

Ziel ins Menschengetümmel stürzten und in der Masse treiben ließen.

Rings um die Fora, das zeigen besonders die Klagen der weniger Robusten, denen das Gewühl, die ständigen Fußgängerstaus und der Lärm auf die Nerven gingen, pulsierte das Leben. Man kam im Gedränge kaum vorwärts, und enge Tuchfühlung mit unzähligen anderen Passanten war unvermeidbar, wenn man sich nicht gerade in einer Sänfte hoch über den Köpfen der Menge tragen ließ.[4] Wer freilich über die erforderlichen Nehmerqualitäten verfügte und das schweißtreibende Bad in der Menge nicht scheute, konnte aus der Not eine Tugend machen: In dem die Fora umwogenden Menschenmeer schwammen auch reichlich attraktive »Fischlein«, die sich gar nicht so ungern »angeln« ließen.[5]

❖

Angeln im Mädchen-Meer

»Aber das Mädchen schwebt nicht zu dir herab durch die Lüfte;
　　Mit eignen Augen mußt du die suchen, die zu dir paßt.
Weiß doch der Jäger genau, wo den Hirschen die Netze
　　　　er aufspannt,
　　Weiß auch, wo sich im Tal aufhält die knirschende Sau;
Vogelstellern sind Büsche bekannt; der Mann mit der Angel
　　Kennt die Gewässer, worin Fische meist schwimmen zuhauf.
So auch du, der du Stoff suchst für lange währende Liebe:
　　Lerne du erst einmal, wo zahlreiche Mädchen du triffst.
Nicht bei der Suche dem Winde die Segel zu lassen, gebiet' ich;
　　Um sie zu finden, mußt du nicht lange Wege erst gehn.
Mag von den schwarzen Indern sich Perseus Andromeda holen,
　　Mag auch die grajische Frau rauben der phrygische Mann!
Dir bietet Rom so viele, so reizende Mädchen dar, daß du
　　Sagst: ›Was es je auf der Welt gab, das besitzt diese Stadt.‹«

Ovid, Liebeskunst I 47–56

❖

Auch Tempel, genauer gesagt: ihre Vorplätze und die an sie an-
grenzenden Säulenhallen waren als aussichtsreiche Treffpunkte
nicht zu verachten – besonders dann, wenn sie wie beim Forum
Iulium das Zentrum einer belebten Forumsanlage bildeten. Und
was der Venus dort recht war, konnte dem Mars – dem sie,
nebenbei bemerkt, nicht nur räumlich, sondern aufgrund eines
aufsehenerregenden ehebrecherischen Verhältnisses auch my-
thologisch sehr nahe stand – billig sein. So gab denn auch der
Mars-Ultor-Tempel, der das Augustus-Forum beherrschte, Liebe
Suchenden allerlei Gelegenheit, sich näherzukommen.[6]

Das Forum Augustum –
Wo der rächende Mars Verliebte zusammenbringt

Den Tempel des »rächenden Mars« hatte Augustus vor der Entscheidungsschlacht bei Philippi gelobt, in der er die Mörder seines Adoptivvaters Caesar besiegte. Hier ließ der Kaiser auch die Feldzeichen deponieren, die er in einem großen diplomatischen Erfolg von den Parthern zurückgewonnen hatte. Die Schande, die der Verlust dieser Feldzeichen im Jahre 53 v. Chr. über Rom gebracht hatte, war durch das Verhandlungsgeschick des Augustus 33 Jahre später getilgt worden: Die Parther gaben die Trophäen kampflos zurück. Und der Propaganda-Apparat des Augustus wurde nicht müde, das als großartigen, unblutigen Triumph zu feiern.

Das bedeutendste Kunstwerk, auf dem die Übergabe der Feldzeichen gewissermaßen inmitten einer kosmischen Szenerie dargestellt und damit als Großtat der römischen Geschichte gefeiert wird, ist die Statue des Augustus von Primaporta. Eine Replik davon ist vor dem Forum des Augustus aufgestellt – und bleibt trotz ihrer einzigartig dichten ideologischen Botschaft von den allermeisten Rom-Besuchern unbeachtet.

Das sollte sich auf unserem Spaziergang zu den amourösen Stätten des antiken Rom ändern! Denn das sozusagen architektonisch-ideologische Ensemble des Forum Augustum mit den politisch-propagandistischen Assoziationen des Mars-Ultor-Tempels war ein ganz hochkarätiger Schau-Platz für Rendezvous-willige Römerinnen und Römer. Jedenfalls in der Vorstellung derer, deren erotische Phantasie von dieser Umgebung beflügelt wurde. So natürlich auch im Falle des Dichters der »Liebeskunst«: Ebenso wie viele andere Zeitgenossen erwartete Ovid, daß Augustus sich mit dem diplomatischen Sieg über die Parther nicht begnügen werde. In der römischen Öffentlichkeit munkelte man von einem bevorstehenden Feldzug, in dem die das Reich im Osten angeblich bedrohenden Parther auch militärisch bezwungen werden sollten. Das waren, wie sich in der Folgezeit herausstellen sollte, unhaltbare Spekulationen, doch boten sie dem Liebeslehrer Ovid die willkommene Gelegenheit, einen weiteren erotischen Schau-Platz zu empfehlen: den Triumphzug[7].

Wo es viel zu sehen gab: Der Triumphzug aus erotischer Sicht

Wenn Augustus dereinst nach der Niederschlagung der Parther als strahlender Triumphator in Rom einziehen werde, in Gold und Purpur gewandet auf einem von vier schneeweißen Rossen gezogenen Triumphwagen thronend, dann heiße es, die großartige Chance zu nutzen – und sich in der jubelnden Masse nach einem Mädchen umzusehen! Tatsächlich bot das aufwendig inszenierte Siegesspektakel, schon quantitativ gesehen, beste Kennenlern-Möglichkeiten. Hunderttausende säumten die Straßen, über die sich der Triumphzug mehrere Kilometer weit durch die City bis zum Kapitol bewegte – und die euphorische, ausgelassene Stimmung und Begeisterung der Zuschauermassen mußte auch den Schüchternsten zu Annäherungsversuchen ermutigen.
Und dann die »qualitativen« Aussichten, sich als interessanter Liebhaber zu empfehlen! Solch günstige Gelegenheiten gab es selten. Denn einerseits standen die Zuschauer wie bei heutigen Karnevalszügen dichtgedrängt am Straßenrand, so daß Körperkontakte unausweichlich waren (und niemand »beweisen« konnte, wenn man ein bißchen nachgeholfen hatte). Zum anderen aber bot all das, was an kostbaren Beutestücken und prächtig geschmückten Opfertieren, an elend auf Wagen hockenden Gefangenen und an Gemälden und Schautafeln, die das neu eroberte Gebiet »vorstellten«, im Triumphzug gezeigt wurde, ferner die Schmählieder und Lobeshymnen, die die Soldaten abwechselnd auf ihren Feldherrn anstimmten, eine unerschöpfliche Fülle ganz spontan sich ergebenden Gesprächsstoffs. Das

alles unbedingt zu Kontaktanbahnung nutzen!, rät Ovid eindringlich. Wie oft kommt es vor, daß ein Mädchen sich nach Landschaften oder Herrscherhäusern, nach Bergen und Flüssen näher erkundigt, die auf den mitgeführten Tafeln präsentiert werden! Da heißt es, sofort »einzuhaken« und die erbetenen Informationen zu geben – oder auch schon mal forsch eine entsprechende »Antwort« zu geben, ohne daß eine danach gefragt hätte …

Was aber macht man, wenn man selbst nicht so recht Bescheid weiß und das Mädchen just die Frage stellt, die einem selbst auf der Zunge lag? Da hilft nichts außer einem gekonnten Bluff. Wer in dieser Situation anfängt, herumzustottern, sein Nichtwissen zuzugeben oder wortreich zu verschleiern, hat schon verspielt. Viel besser ist es, im Brustton der Überzeugung auch das zu berichten, was man nicht weiß: »Dies ist der Euphrat, die Stirn mit Schilfrohr umwunden, und der, dem / bläulich das Haar hängt herab, das wird der Tigrisstrom sein…«[8] Und so fort: Die Gefahr, inmitten der Euphorie, des Jubels und der Hektik des Triumphspektakels als Aufschneider entlarvt zu werden, war denkbar gering – und vielleicht ging es ja auch der Dame gar nicht so sehr um die Sache als vielmehr um den Kontakt …

Sprang der durch den ersten *small talk* beim Triumphzug entfachte Funke über und mündete nicht nur in eine heiße Flirtphase, sondern möglicherweise sogar in eine dauerhafte Liebesbeziehung, dann konnte das Paar das nächste Triumphzug-Spektakel in anderer Weise genießen: »am Busen der Geliebten liegend, das betrachten und auf den Schriftbändern die Namen der eroberten Städte lesen… und die gefangenen Häuptlinge, die am Fuß von Waffenbergen sitzen«[9]. So der Liebesdichter Properz, der allem Kriegerischen abhold ist und sich in »elegischer Bescheidung« damit begnügt, den triumphierenden Soldaten zuzuwinken – im Arm seiner Geliebten, versteht sich.

Ebenso wie Ovids erotische »Usurpation« des martialischen Schauspiels eine ganz andere Perspektive auf diese klassische Demonstration römischer Macht und Kriegstüchtigkeit! Und zwar eine recht humane, sympathische – und, den Jüngern der *political correctness* sei's vorbeugend erwidert, sicher nicht zynisch gemeinte!

»Ein für Keuschheit gefährlicher Ort« – Schau-Platz Theater

Verlassen wir das Augustus-Forum, mit dem sich der Schau-Platz Triumphzug jedenfalls in augusteischer Zeit so eng verbindet – natürlich könnten wir uns die erotische »Komponente« eines Triumphzuges ebenso gut vom Kapitol aus vergegenwärtigen, wo die feierliche Prozession am Jupiter-Tempel endete –, und schlendern wir zum nächsten Jagdgrund. Damen, die auf »Männerjagd« sind, empfiehlt Ovid unter anderem den Besuch der »drei Theater«[10]. Und der entsprechende Rat ergeht auch an die männliche »Gegenseite«[11]. Gemeint sind das Theater des Pompejus und das des Balbus auf dem Marsfeld sowie das weiter südlich gelegene, vergleichsweise gut erhaltene Marcellus-Theater. Vom Augustus-Forum bis zum Marcellus-Theater läuft man eine gute Viertelstunde. Vergessen wir die Autos, Mofas und Busse, die uns auf dem Weg umdröhnen und umschwirren, und verfolgen wir die Wegstrecke mit den Augen altrömischer Theaterbesucherinnen und -besucher, die einem dort beginnenden amourösen Abenteuer nicht abgeneigt sind.

Der dichte Verkehr des modernen Rom mag unsere Vorstellungskraft sogar beflügeln: An Spieltagen ergossen sich wahre Menschenströme über die Zugangsstraßen zum Marcellus-Theater. Rund 20 000 Plätze warteten auf ihre Besucher, und es kam selten vor, daß einer davon frei blieb.

Der Andrang gerade auch von Frauen muß groß gewesen sein. Ovid fühlt sich an den unaufhörlichen Zug durcheinander wimmelnder Ameisen oder einen dichten Bienenschwarm erinnert, wenn er an die Menge von Römerinnen denkt, die sich auf den Weg ins Theater machen.[12] Die Fülle der potentiellen »Beuteobjekte« allein könnte den Erfolg einer Flirt-»Jagd« gefährden – weil man sich angesichts der riesigen Zahl nicht entscheiden kann…

Die sittsamen Damen als Opfer männlicher Eroberungsgelüste? Davon konnte wohl kaum die Rede sein, denn viele Theaterbesucherinnen verwandten größte Mühe auf ein ansprechendes Äußeres: Kleidung, Schmuck und Schminkkunst ergänzten sich zum Bild der *cultissima femina*[13], der »elegant herausgeputzten Dame«, die sehr wohl wußte, wie sie wirkte. Wobei sich je nach Temperament, Stimmung und »Anlock-Entschlossenheit« individuelle Unterschiede ergaben – wenn etwa nicht nur die Kräusellocken auf der Stirn oder der perlenbesetzte Haarkamm die Attraktivität der Dame betonten, sondern auch ein tief ausgeschnittenes Dekolleté seine Wirkung nicht verfehlte. Ein Blick darauf, und schon spürten leicht »ansprechbare« Männer wie der Liebesdichter Properz eine »Wunde« im Herzen![14] Kein Zweifel: Das Theater bot Sehenswertes nicht nur auf der Bühne, sondern auch auf den Rängen – und auf diese Variante des *spectaculum* setzte manche Römerin sehr zielstrebig.

❖

❖

So wurde, der gekonnten Selbstinszenierung der Damen sei Dank, manch hochgemuter Frauenheld unversehens zum Opfer: Ein Ort, »der zu meinem Verderben entstanden ist«[15], klagt Properz augenzwinkernd, während Ovid geradezu frohlockt, daß es ein für »sittsamen Anstand« gefährlicher Ort sei.[16] Und zwar für Männer und Frauen gleichermaßen – hier herrschte Waffengleichheit im Eroberungskampf der Geschlechter.

Weitere günstige Rahmenbedingungen für ein erfolgversprechendes »Angeln« neuer Partner im Theater bot die dort herrschende aufgeräumte bis ausgelassene Stimmung. Die Menschen kamen, um sich zu vergnügen, sich ein paar heitere Stunden zu machen – weit weg von den Sorgen des Alltags. Und nicht wenige nutzten dieses Ambiente, um sich von den Fesseln der Konvention einmal zu befreien und sich so richtig gehenzulassen. *Gravitas* und *dignitas*, die »typisch« römischen Tugenden würdevoller Zurückhaltung und Seriosität – im Theater war kein Platz dafür. Mit steifem, gravitätischem Gehabe konnte dort niemand Eindruck schinden. In der allgemeinen *theatralis licentia* – einem fast sprichwörtlich gewordenen Begriff für die manchmal anarchische »Ausgelassenheit des Theaters« – ging er damit unter oder zog sich den Spott der neben ihm Sitzenden zu.

Verführung zum Verführen – Laszives auf der Bühne

Die ausgesprochen lockere Stimmung wurde in erster Linie durch das geprägt, was auf der Bühne geboten wurde. Und damit sind wir bei einer zweiten günstigen Rahmenbedingung für ein erotisches Anbandeln. Auf dem Spielplan standen keine ernsten oder gar tragischen Stoffe. Leichte Kost war Trumpf. Das beliebteste Schauspiel war zur Zeit Ovids der Mimus, eine seichte Komödie mit derber Sprache und obszönen Scherzen. Als Thema eines Mimus eignete sich alles, was sich unter dem Schlagwort *sex and crime* zusammenfassen läßt: eine bunte Mischung menschlicher Leidenschaften aller Art, kräftig gewürzt durch Ohrfeigen, Fußtritte, Prügeleien, schmachtvolle Liebesszenen, frivole Gesten, alberne Grimassen und Verfolgungsjagden über die Bühne. Populärster Dauerbrenner unter den Mimus-Sujets war der Ehebruch. Da wurde in allen Variationen und bis ins intimste Detail dargestellt, wie der geschniegelte Beau und die listige Ehefrau den nichtsahnenden, tölpelhaften

Ehemann betrogen – und je cleverer die Tricks waren, mit denen sie den gehörnten Trottel hintergingen, um so lauter brandete der Beifall des Publikums auf.[17] Das Ganze wurde mit effektvollen erotischen Intermezzi bis hin zu Striptease-Einlagen in Szene gesetzt und passagenweise in einer Sprache vorgetragen, für die der Ausdruck »volkstümlich« noch sehr vornehm wirkt.

Auch der Pantomimus, einige Jahrzehnte später die gefeierteste Schauspielgattung, geizte nicht mit lasziven Szenen und – je nach Schauspielkunst der Hauptdarsteller – außerordentlich gekonnten erotischen Tanzpartien. Wenn der »weiche« Bathyllus, einer der Superstars der Pantomimen-Szene, den Part der Leda einfühlsam und verführerisch tanzte, gerieten vor allem weibliche Zuschauer in Ekstase, und sogar eine abgebrühte Dirne wie Thymele erschien dagegen wie die Unschuld vom Lande, die von dem Pantomimen noch manches lernen konnte.[18]

Eine einseitige Schilderung des Schauspielwesens in den römischen Theatern? Wer diesen Verdacht hegt, lese die Schriften der Kirchenväter: Sie werden nicht müde, die Unanständigkeit und Unzucht der Schauspiele zu geißeln und die von ihnen ausgehenden »verheerenden« Auswirkungen auf die allgemeine Moral zu beklagen. »Eine, die vielleicht noch als züchtige Matrone zum Schauspiel hingegangen ist, kehrt völlig verdorben vom Theater zurück«, empört sich Cyprian.[19] Und was von dem prächtig ausgeschmückten Theater des Pompejus – dem ersten steinernen Roms – zu halten sei, macht Tertullian unmißverständlich klar: »Ein verdammtes und verdammungswürdiges Bauwerk«, ja, »eine Trutzburg aller Schändlichkeiten«[20].

Die Moralinsäure dieser Urteile hat *ein* Gutes: Sie zeigt sehr anschaulich auf, welch geeigneter Treffpunkt das Theater für all jene war, die sozusagen auf der anderen Seite der Moralbarrikaden standen. Daß der erotische Funke oft genug von der Bühne ins Auditorium übersprang, kann man sich unschwer vorstellen: Die Atmosphäre entwickelte gewissermaßen eine hohe Leitfähigkeit. Hemmungen wurden durch das, was auf der Bühne zu

sehen und zu hören war, abgebaut, Bedenken zerstreut – zumal
wenn der lockere Lebenswandel, wie es viele Bühnenstücke sug-
gerierten, auch noch belohnt wurde. Warum sich nicht auch
selbst einmal auf ein kleines Liebesabenteuer einlassen? Wer
wuße schon, ob es sich nicht sogar zu einer dauerhaften Beziehung stabilisierte? Für einen erfahrenen Liebeslehrer wie Ovid
war das kein Gegensatz. Im Theater war beides zu finden: die
flüchtige Romanze – ein Mädchen, das »du einmal berührst« –
und auch die große Liebe – ein Mädchen, das »du festhalten
willst«[21]. Hauptsache, man ging zunächst einmal selbstbewußt
und optimistisch ans Werk; das Weitere würde sich gerade in
diesem Ambiente schon finden!

Theater und Liebe – eine altrömische Tradition?

Natürlich war das römische Theaterpublikum keine gigantische
Ansammlung erotomaner Individuen, denen der Sinn nach
nichts anderem als Liebelei und Sex gestanden hätte. Aber für
diejenigen, die – ob Mann, ob Frau – hierhin kamen, um sich
nach einer Gespielin oder einem festen Freund umzusehen, bot
der *genius loci* beste Chancen und ein großes Auswahlreservoir.
Für Männer von Stand allerdings nur vor und nach den Auf-
führungen und in den Pausen, falls sie ihren Sitz verließen: Die
strenge Sitzordnung ließ ihnen für den Flirt *während* des Schauspiels keinen Raum, weil die weiblichen Besucher zusammen mit
dem einfachen Volk auf den obersten Rängen Platz nehmen
mußten. Ein Nachteil der hohen sozialen Stellung, den manch
einer freilich durch einen freiwilligen Verzicht auf dieses Privileg
ausgeglichen haben dürfte…
Wem das Verhalten der Römer im Theater zu unrömisch vorkam, so ganz und gar nicht dem gesellschaftlichen Leitbild (und
Klischee) entsprechend, und wer deshalb verschämt zögerte, die
günstige Gelegenheit wahrzunehmen, der durfte sich von unse-

rem Erotik-Lehrer eines Besseren belehren lassen. Theater und Liebe – das hatte Ovid zufolge eine lange Tradition, die bis zur frührömischen Zeit zurückreichte. Erfinder dieser prickelnden Kombination war kein Geringerer als der Stammvater Romulus. Denn der habe doch den Raub der Sabinerinnen just zu dem Zeitpunkt inszeniert, als die Römer und ihre sabinischen Gäste friedlich einem – damals noch kunstlosen – Schauspiel auf dem Palatin zusahen! Mit dieser mythisch-historischen Legitimation ausgestattet, brauche kein Römer mit schlechtem Gewissen auf Brautschau ins Theater zu gehen: »Seit dieser Brauch geheiligt ist, birgt das Theater natürlich / für die Schönen bis heut viele Gefahren in sich.«[22]

»Das Gesetz des Ortes verlangt, das Mädchen zu berühren« – Mit Ovid im Circus Maximus

Keine geringere »Gefahrenquelle für die Schönen« stellte die größte jemals erbaute Sportkampfbahn der Welt dar: der legendäre Circus Maximus. Er ist unser nächster Schau-Platz für Annäherungsversuche. Eine Viertelstunde Fußweg vom Marcellus-Theater entfernt, liegt er in der langgezogenen Senke zwischen dem Abhang des Palatin und dem Aventin. Von »einem der schönsten und bewundernswertesten Bauwerke Roms«, als das ihn ein Zeitgenosse Ovids rühmt,[23] ist nicht mehr viel geblieben. Lediglich die gut erhaltene, nicht überbaute Rennbahn erinnert daran, daß hier jahrhundertelang die prächtigsten und höchstdotierten Wagenrennen der römischen Welt stattgefunden haben. Und das vor einer imposanten Kulisse: In der Zeit um Christi Geburt strömten rund 150 000 Zuschauer an Renntagen in den Circus, und hundert Jahre später fand schon eine Viertelmillion Menschen auf den Rängen Platz, bevor die Sitzplatzkapazität im 4. Jahrhundert noch einmal auf mindestens 300 000 aufgestockt wurde.

Daß damit schon rein quantitativ ein schier unerschöpfliches Potential an möglichen Partnern zur Verfügung stand, bedarf keiner weiteren Erläuterung. Und daß angesichts der fast pathologischen Circusbegeisterung und Wettleidenschaft der Römer die Emotionen hochgingen und der Circus Maximus oft genug vor Leidenschaften tobte – im heutigen Sportreporter-Jargon von einem »Hexenkessel« zu sprechen wäre eher untertrieben –, war als weiterer Pluspunkt im Kalkül der Partnersuche zu verbuchen. Denn diese Tollhaus-Atmosphäre erlaubte es den Zuschauern natürlich auch oder legte es sogar nahe, die üblichen »bürgerlichen« Hemmungen im Umgang mit dem anderen Geschlecht abzulegen und »eindeutige« Absichten viel ungenierter zu verfolgen.

Hinzu kam noch eine ganz spezifische *lex loci*, die das Anbandeln hier im Vergleich mit dem Theater ungemein erleichterte: Es gab im Circus keine feste Sitzordnung. Jeder setzte sich da hin, wo ein Platz frei war – oder eine attraktive Dame zum Flirt einlud. Wegen des großen Andrangs saßen die Zuschauer sehr dicht beieinander. Die Plätze waren durch Striche markiert, so daß sich niemand »ausbreiten« konnte: ein Sachzwang, der dem normalen Circus-Besucher ein recht ungemütliches Sitzen und unerwünschte Körperkontakte aufnötigte, dem »Kontaktwilligen« aber wie ein Geschenk der Götter vorkommen mußte. Da kam der Draufgänger auf seine Kosten, aber auch der Schüchterne konnte gar nicht anders, als dem Mädchen von Anfang an im wahrsten Sinne des Wortes auf den Leib zu rücken. Und auch das »Opfer« männlicher Eroberungsabsichten war insoweit wehrlos, »als die Schranke euch eng aneinander / zwingt, und du sie berühren mußt nach des Ortes Gesetz«[24].

Unnötig zu erwähnen, daß die Sitzordnung im Circus auch Paaren, die sich schon gefunden hatten, ganz andere Formen der Kontaktpflege ermöglichte als die strenge Diskriminierung im Theater. Konnte man sich dort während der Vorstellung nur durch Winke verständigen oder geheime Botschaften – einer der

Partner wa ja vielleicht verheiratet – durch Fingersprache über-
mitteln,[25] so erlaubte der Circus eine direkte Kommunikation
bis hin zu eindeutiger »Körpersprache«.

Flirten mit der Venus-Statue

So willkommen dem »Suchenden« die hautnahe Zwangs-
annäherung war, so trug sie ihm doch ein Problem ein: Was,
wenn die auserkorene Dame sein enges Aufrücken gar nicht
»persönlich« nahm, sondern als ganz normalen Ausdruck der
einengenden *lex loci* fehldeutete? Es bedurfte also spezieller Cir-
cus-Flirttechniken, um ihr zu signalisieren, daß er ein Auge auf
sie geworfen habe. Zumal eine plumpe »Anmache« jede Dame
abstoßen mochte, die umworben und erobert werden wollte.
Das jedenfalls war die »Zielgruppe«, die unser Liebeslehrer Ovid
ansprechen will – dem Spielerischen und Augenzwinkernden,
dem Prickelnden und leicht Lasziven gilt sein Interesse, nicht der
mehr oder weniger tolpatschigen Hauruck-Anmache in selbst-
gefälliger Chauvi-Manier. Schließlich lebte man in der Weltstadt
Rom, die sich auf ihre Urbanität einiges zugute hielt, und di-
stanzierte sich von provinzieller *rusticitas,* bäuerlicher Plumpheit und Ungehobeltheit.
Die erste Gelegenheit, erotisches Interesse zu demonstrieren, bot
die *pompa circensis,* der große feierliche Festzug, in dem Beamte,
Musikanten, Tänzer, Wagenlenker und Priester in den Circus
einmarschierten und damit die Spiele eröffneten. Auf Wagen
wurden dabei auch Bilder und Statuen von Gottheiten mitge-
führt – alle öffentlichen Spiele waren ja Bestandteil des Staats-
kultes, auch wenn manch einer ungeduldig auf das Ende der
Prozession und den Anfang der Wagenrennen wartete.[26] Nicht
so diejenigen, die auf Freiersfüßen wandelten. So wie Soldaten
applaudierten, wenn das Bild des Kriegsgottes Mars vorbeigetra-
gen wurde, und Bauern sich beim Anblick der Statuen von

Bacchus und Ceres von ihren Sitzen erhoben,[27] spendeten die »Jünger« der Liebesgöttin dem elfenbeinernen Standbild »ihrer« Venus begeistert Beifall – ein erster deutlicher Wink gegenüber der Dame, welchem »Lager« man sich zugehörig fühlte. Und natürlich zugleich der Appell an die Göttin der Liebe, sich gegenüber den Absichten des Beifall Spendenden huldvoll zu erweisen.[28]

Die Variante für den, der neben seiner *festen* Freundin im Circus saß: Donnernder Applaus für Venus bedeutete: »Ich bin der Göttin immer noch dankbar, daß sie uns zusammengeführt hat. Ich bereue nichts! Nur dich, Geliebte, werde ich für alle Zeit begehren!« – Und ganz engagierten Liebhabern empfiehlt Ovid, der Dame ihres Herzens bei dieser Gelegenheit ins Ohr zu raunen, sie sei für ihn die größere Göttin – Venus werde es ihm schon nicht verübeln...[29]

Selbstverleugnung beim Wagenrennen – Schmerzhaft, aber hilfreich

Zurück zu dem, der sich die Gunst der Dame erst noch sichern mußte! Wie konnte er das Eis brechen? (Denn daß er den aktiven Part des Eisbrechers auch dann zu übernehmen hatte, wenn eigentlich gar kein Eis zu brechen war, entsprach römischer Konvention und wurde auch von Ovid nicht in Frage gestellt.) Wie heutzutage, so bot sich auch damals *small talk* als Einstieg an.

Hilfreich war, daß der Ort selbst ein naheliegendes Thema vorgab: Über Wagenrennen debattierte ganz Rom leidenschaftlich, vor dem Ereignis und nach den Renntagen und natürlich erst recht während der Rennen.

Eine Portion Selbstverleugnung half dabei, den ersten Gesprächskontakt auf den Weg zu bringen. Wissensdominanz konnte (und kann) recht abschreckend wirken, und unerbetene Kommentare und Erläuterungen machen den Gesprächs-»Partner« eher einsilbig. Besser, man stellte sich unwissender, als man war, und erkundigte sich bei der Dame, wessen Gespann denn da komme.[30] Im Bewußtsein des Sachverstandes, den man ihr damit attestierte, ließ sie sich bereitwilliger auf ein Gespräch ein, gab erfreut Auskunft – und schon kam die erwünschte Unterhaltung in Gang.

Ein heikler Punkt war dann möglichst schnell zu klären: Mit wem es die Dame denn wohl halte? Es gab in Rom vier Rennparteien *(factiones)*: die Weiße, die Rote, die Grüne und die Blaue. Die Anhänglichkeit der Fans an »ihren« Rennstall, die Identifikation mit »ihrer« Farbe war bei den meisten erheblich stärker ausgeprägt als die Bindung heutiger durchschnittlicher Fußballanhänger an ihren Club. Entsprechend groß war die Rivalität zwischen den Rennställen und den einzelnen »Fangemeinden«. Mochten die Animositäten zwischen Anhängern verschiedener *factiones* im Alltag nicht so durchschlagen – an den Renntagen, im Circus Maximus, sah das natürlich ganz anders aus. Die Chance, mit dem Bekenntnis zu einer Partei auf der Linie des Mädchens zu liegen, lag bei 1:4. Einem Volltreffer standen somit drei Fettnäpfchen entgegen, und ob, war man in eines hineingetreten, dieser erste Eindruck noch korrigierbar war, stand dahin. Da war es taktisch klüger, sich zunächst einmal nach der Rennstall-Präferenz der Dame zu erkundigen – und dann hocherfreut festzustellen, daß man derselben Partei die Daumen drücke. Das kostete unter Umständen eine Menge Überwindung – gerade weil die meisten Römer eine ganz starke Rennstall-Bindung hatten –, aber es versprach eine umgehende

Belohnung: Fortan bangte und hoffte man miteinander, und das schuf eine stabile Vertrauensbasis für die weitere Werbung.[31]

❖

Wenn die Dame dem Sport mehr zugetan ist…

»*Du* siehst die Rennen, *ich* dich; so schauen wir also denn beide,

Was uns erfreut, und für sich weide ein jeder den Blick.«

Ovid, Liebesgedichte III 2, 5f.

❖

Eroberungsstrategien im Circus:
Kavaliersdienste und Revierverteidigung

Die bestand nun aus einer Reihe von Aufmerksamkeiten, wie sie für den heutzutage etwas bespöttelten »Kavalier der alten Schule« typisch sind. Spott hin, Emanzipation her – nützlich waren solche *officia*, »Dienste«, allemal. So etwa, der Dame mit dem Programmheft kühle Luft zuzufächeln, ihr ein Schemelchen unter die Füße zu stellen oder ein Kissen in den Rücken zu legen.[32] Auch den von der Rennbahn hoch aufgewirbelten Sand ebenso vorsichtig wie dienstfertig aus der Kleidung der Dame zu schütteln, galt als legitime Artigkeit. Wenn der Wind »ungünstig« stand und den Staub in die »falsche« Richtung wehte – kein Problem: »Auch wenn kein Staub fällt, schüttle eben das Nichts heraus!«[33]

Das kostbare Kleid auf dem schmutzigen Boden? Das verlangte nach zupackender Beflissenheit: nur beherzt den Saum umfassen und das Kleid anheben! Sie wird für den Kavaliersdienst dankbar sein, und der Wohltäter erhält als unmittelbare Belohnung einen Blick auf die vorher bedeckten Beine…[34]

❖

So macht das Hyperbaton Spaß

Unter einem Hyperbaton versteht man die räumliche Trennung eines Adjektivs von »seinem« Substantiv. Die freie Wortstellung im Lateinischen ermöglicht es, dieses Stilmittel sehr effektvoll einzusetzen. Einer solchen »Sperrung« bedient sich Ovid beim »Blick auf die Beine«:

Contingent oculis crura videnda tuis
»zuteil werden wird Augen, die Beine zu sehen, deinen.«

Das Hyperbaton *oculis... tuis* (»deinen Augen«) bildet den Sachverhalt ab: die Augen umklammern gleichsam in einem stilistischen Zangengriff die Beine. Die Beine stehen im Mittelpunkt, ob sie wollen oder nicht. Sie können sich der »Umklammerung« durch »deine Augen« nicht erwehren, sind ihnen hilflos ausgeliefert – so wie die »wirklichen« Beine den Blicken des Kavaliers, der das Kleid anhebt.

❖

Besondere Chancen, sich die Dankbarkeit des Mädchens zu sichern und gleichzeitig das eigene Interesse an ihr unmißverständlich, aber gleichwohl dezent zu bekunden, eröffnete die »Revierverteidigung«. So dicht gedrängt, wie man im Circus saß, konnte es gar nicht ausbleiben, daß man ab und zu von der Seite einen Stoß bekam oder mit den Knien des Hintermannes unliebsame Bekanntschaft machte. In der Erregung und Leidenschaft des »Mitgehens« geschah das meist unbeabsichtigt und wurde von den meisten Besuchern gar nicht bemerkt oder als unvermeidliche Begleiterscheinung des »tobenden Circus« schlicht hingenommen. Ganz anders aber die Reaktion des »Beschützers«! Er unterstellte vorsichtshalber Absicht und wies den rücksichtslosen Grobian zurecht: Ob er nicht merke, daß er der Dame weh tue?! Ob er nicht gefälligst rasch seine Beine anziehen wolle, statt sie *unanständigerweise* der Dame in den zarten Rücken zu bohren?!³⁵ Der damit angedeutete plumpe sexuelle »Anschlag« des anderen ließ die eigenen, rein altruistischen Kavaliersdienste in noch hellerem Licht erstrahlen.

Aber wer konnte schon sicher sein, daß sich der andere nicht wirklich auf diese Weise an die Dame heranmachen wollte? Schließlich schloß man diese Annäherungstechnik ja auch für sich selbst nicht aus. Also hieß es: stets schön achtgeben und das Revier mißtrauisch vor allem nach hinten absichern. Der Kontrollblick zurück³⁶ gehörte unbedingt zum Repertoire des erfolgreichen Eroberers.

All diese *officia* galt es natürlich ohne aufdringliche oder gar hektische Beflissenheit über eine längere Zeit hin zu erbringen und mit verbalen Freundlichkeiten zu begleiten. Zur Hektik bestand auch gar kein Anlaß; ein Circus-Tag zog sich über viele Stunden hin, und die Vielzahl der Wagenrennen mit ihren unterschiedlichen Ausgängen gab Gelegenheit, über gemeinsame Jubel- und gemeinsame Enttäuschungserlebnisse ein von der Sache bestimmtes emotionales Fundament zu gründen, auf dem dann die persönliche Sympathie aufbauen konnte. Oder sogar mehr: Vielleicht stand am Ende eines langen Tages im Circus Maximus jenes Fazit, das Ovid mit vielwissendem Augenzwinkern so beschreibt: »Sie hat gelacht und beredt mit dem Blick mir etwas versprochen. / Das ist genug; von dem Rest reden wir anderen Orts.«³⁷

Amor im Colosseum? – Von den Wunden des Amphitheaters

Dem nächsten erotischen Schau-Platz wenden wir uns heute mit sehr gemischten Gefühlen zu. Wer das Colosseum betritt, kann sich nicht auf eine nüchterne, sozusagen wertneutrale kulturgeschichtliche Spurensuche beschränken. Ihm wird auch das Grauen der Menschen- und Tierschlächtereien vor Augen ste-

hen, das jahrhundertelang über den Stätten der Gladiatorenkämpfe und Tierhetzen lag. Für römische Augen gehörte all das
freilich zur Normalität ihrer Zivilisation – so wie auch heute
manches Inhumane und manche Tierquälerei unserer Zivilisation unreflektiert als »gegeben« hingenommen oder achsel-
zuckend-resigniert vom Bewußtsein ausgeblendet wird.

Kein Wunder also, wenn auch die Arena als vielversprechender
Treffpunkt für alle galt, die darauf aus waren, zarte Bande neu
zu knüpfen. Wie die Theateraufführungen und Wagenrennen
gehörten die Darbietungen der Arena zu den populären Mas-
senunterhaltungen, und sie boten ähnlich gute Möglichkeiten,
einen Partner oder eine Partnerin kennenzulernen wie die anderen beiden Vergnügungsstätten.

Realistischerweise gibt Ovid deshalb den nach einem Mann Ausschau haltenden Frauen den Rat: »Schaut die Arena euch an, die
vom warmen Blute befleckt ist«[38]. Und er erliegt sogar der Versuchung, um der rhetorischen Pointe willen ein sicher auch von
manchen seiner Zeitgenossen als geschmacklos eingestuftes
Wortspiel zu verwenden. Um anschaulich zu machen, wie überraschend Amor auf den Zuschauerrängen der Arena »zuschla-
gen« konnte, strapaziert er das Motiv von der Verwundung im
Amphitheater: »Wer sich dort Wunden besah, hat eine Wunde
nun selbst. / Während er spricht ... /, seufzt er verwundet auf ... /,
und an dem Spiel, das er schaut, nimmt er jetzt selber noch
teil.«[39]

Keine schöne Stelle, gewiß. Eines jener Beispiele, wo gewissermaßen der handwerklich virtuose Poetik-Profi mit Ovid durch-
geht und die für ihn sonst so charakteristische Sensibilität und
sein von menschlicher Wärme geprägtes Einfühlungsvermögen
überlagert. Es gibt im ovidischen Œuvre ein paar vergleichbare
Stellen, an denen er sich über die wohl auch für die Literatur gel-
tende Maxime hinwegsetzt, daß nicht alles Machbare auch wünschenswert ist.

Relativiert wird dieser literarische Fauxpas durch die schon angesprochene Selbstverständlichkeit des blutigen Arenageschehens in der römischen Welt. Es war für römische Zuschauer eben kein Zynismus, einen Besuch im Amphitheater auch als Amüsement auf erotischem Gebiet »anzulegen« und jene Stätten als amouröse Jagdgründe zu nutzen, auf deren Schaufläche Jagd auf Tiere und Menschen gemacht wurde.

Hand aufs Herz: Haben Sie's gemerkt, verehrte Leser? Sie haben soeben mit der Jagd-Metaphorik ein ähnliches Wortspiel zugemutet bekommen, wie es Ovid in seiner Wunden-Metapher verwendet.

Heutige Rom-Besucher, die im Colosseum ihre Blicke über die hoch aufragenden steinernen Ränge schweifen lassen, dürfen in ihre Vorstellungskraft also durchaus charmantes Geplauder, artige bis freche Kavaliersdienste, dankbar-verheißungsvolles Augenzwinkern, feurige Blicke, fröhliches Gekicher und vorsichtige, sanfte Berührungen einbeziehen – auch das war Arena-Realität. Jedenfalls zu Ovids Zeit: Denn damals wurden Gladiatorenkämpfe und Tierhetzen vielfach noch auf dem Forum Romanum veranstaltet, was die Kontaktaufnahme erleichterte, weil dort die strengeren Sitzvorschriften des Amphitheaters vermutlich nicht galten oder nicht durchgesetzt werden konnten.

Das war in »richtigen« Arenen anders. Das erste in Rom aus Stein gebaute Amphitheater, das des Statilius Taurus, wurde im Jahre 29 v. Chr. eingeweiht. Dort waren die Frauen – zumindest offiziell – auf die obersten Ränge »verbannt«.[40] Diese Vorschrift galt auch für das rund ein Jahrhundert später fertiggestellte, im Jahre 80 eröffnete Amphitheatrum Flavium, das Colosseum. Hier kam es wie im Theater auf die »Ferntechniken« des Flirtens an, doch ergaben sich für Verliebte und solche, die es werden wollten, im Umfeld eines Colosseum-Besuchs zahlreiche Möglichkeiten der Kontaktanbahnung. Bei einer Zuschauerkapazität von (mindestens) 50 000 stellte sich als gravierendes Problem allenfalls die Qual der Wahl.

Das »Angeln« in der Menge war nun allerdings nicht jedermanns Sache. Wer es individueller und übersichtlicher wünschte, war an den Stätten der Massenunterhaltung fehl am Platze. Für ihn kamen eher Treffpunkte in Frage, an denen es nicht so hektisch zuging. Was lag da näher als die großen Säulenhallen, von denen überall in der City, vor allem aber auf dem weitgehend unbebauten Marsfeld, immer mehr entstanden? Diese Geschenke reicher Politiker oder Angehöriger der Kaiserfamilie an die Bürgerschaft Roms standen natürlich auch für die Kontaktanbahnung zur Verfügung.

Säulenhallen, Porticen, umsäumten Foren und Tempelanlagen, flankierten Theater und andere öffentliche Gebäude. Sie entfalteten repräsentative Wirkung, dienten aber auch funktional dazu, Spaziergänger gleichermaßen vor Sonne wie vor Regen zu schützen. Das lässige Schlendern im Schutze einer Porticus wurde als Freizeitbeschäftigung immer beliebter, je prächtiger die Hauptstadt mit Säulenhallen ausgeschmückt wurde – eine Art Stadtbummel, bei dem man in Philosophenmanier Gespräche über Gott und die Welt führen, aber auch mit sehr wachen Augen nach einem netten Mann oder einer hübschen Frau Ausschau halten konnte.

Zu Ovids Zeit kamen die Porticen als Treffpunkte jedenfalls immer mehr in Mode. Unser Erotik-Lehrer empfiehlt sie Männern und Frauen gleichermaßen als Orte, die ein erstes Stelldichein ermöglichten.[41] Man kann sich unschwer vorstellen, welchem Aufwand an Körperpflege, Schminken und Kleidungs-Chic sich alle diejenigen verschrieben, die sich mit erotischen Hintergedanken zum lässigen Lustwandeln in einer Porticus fertig machten.

Unter den konkreten Porticus-Tips nennt Ovid einige, die gerade neu entstanden waren. Eine ist die nach der *Mutter* des Augustus benannte Porticus Octavia[42]. Sie lag nicht weit vom

Marcellus-Theater entfernt, doch es sind keine Überreste erhalten.

Wir müssen daher bei unserem alternativen Stadtbummel auf den Spuren der verliebten Römer auf eine andere Porticus ausweichen, die sich indes nur bei ganz genauem Hinsehen von der von Ovid erwähnten Säulenhalle der Octavia unterscheidet. Gemeint ist die nach der *Schwester* des Kaisers (um-)benannte »Säulenhalle der Octavia«, die ganz in der Nähe lag. Von ihr sind einige Säulen sowie Teile des Architravs und des Giebels erhalten, weil sie als Vorhalle in die Kirche S. Angelo in Pescheria einbezogen wurden. Eine touristische Stippvisite bei diesen im jüdischen Viertel – zwischen Marcellus-Theater und Largo Argentina – gelegenen Überresten des ehemaligen Prachtbaus lohnt sich allemal, auch wenn man sich klarmachen muß, daß nur ein kleiner Teil der Säulenanlage die Zeit überdauert hat. Ursprünglich umschloß die zweireihige Porticus Octavia einen Tempelbezirk von 118 m Breite und 135 m Länge. Das waren – wie bei anderen Säulenhallen-Treffpunkten – Spazierwege von ganz passabler Länge, die durchaus den einen oder anderen Augenkontakt und mehr ermöglichten. Und wo stand geschrieben, daß man sie beim Promenieren nicht einige Male durchmessen durfte, wenn der Auserkorene zu schüchtern war oder die neu entdeckte »Flamme« sich zunächst einmal spröde und abweisend gab?

❖

Offenherzige Antwort in der Säulenhalle

»Bitte zeig mir, falls es dir nicht peinlich

Ist, in welches Versteck du dich verkrochen.

[…]

In des großen Pompeius Promenade

Hab ich alle Dämchen angehalten,

Die, mein Freund, mir heitren Sinnes schienen,

Und verlangte, dich herauszugeben:

›Den Camerius her, ihr schlechten Mädchen!‹

Eine zeigt mir ihren nackten Busen:

›Schau, da steckt er, in meinen rosgen Wärzchen!‹«

Catull, Gedichte 55, V. 1 f., 6–12

❖

»So viele und so schöne ...« – Mädchenparadies Rom?

Wir sind fast am Ende unseres Rundganges über die aussichts-
reichsten Flirtstätten des antiken Rom angelangt. Was aber nicht
zu dem Mißverständnis führen sollte, daß es anderswo in der
City aussichtslos gewesen wäre, die Frau bzw. den Mann fürs
Leben oder jedenfalls einen »Lebensabschnittspartner«, wie es
heute so hübsch funktional und ganz und gar unerotisch heißt,
zu finden. Weit gefehlt! Gelegenheiten boten sich überall – vorausgesetzt, man hielt die Augen offen – und die Schönen ließen
sich auch in der Öffentlichkeit blicken! Das war nun angesichts
der offiziell propagierten »Sittenstrenge«, die die Frauen lieber
in ihren eigenen vier Wänden sah, keine Selbstverständlichkeit.
Um so eindringlicher Ovids Rat an die Damen, sich schon im
eigenen erotischen Interesse häufig in der Öffentlichkeit sehen
zu lassen: »Fehlen dem schönen Gesicht Zeugen, dann nützt es
auch nichts.«[43] Also heißt es, beherzt den Fuß über die Schwelle
zu setzen und im Strom der Masse die Angel auszuwerfen: »... in
dem Wasser, / wo du's am wenigsten glaubst, dort wird ein Fisch
für dich sein«[44].

Allzu naiv sollte sich die Dame allerdings nicht den Blicken der
Männer aussetzen. Spontanes Ausgehen empfahl sich nicht,
wohl aber ein geplanter und gut vorbereiteter »Auftritt«, bei dem
alles auf den »Reiz der Anmut« abgestimmt war. Gefallen wollen
(studiosa placendi) – das war das A und O erotischer Überzeu-
gungsarbeit für Damen, die nach einem Freund Ausschau hiel-

ten[45] –, und das galt Ovid zufolge sogar für die Extremsituation beim Begräbnis des eigenen Mannes: Die trauernde Witwe, die aus den Augenwinkeln schon nach einem männlichen Tröster spähte, tat gut daran, mit *offenem* Haar im Trauerzug zu gehen…[46]

Frivolitäten dieses Kalibers dürften sich wohl nur wenige Frauen geleistet haben. Aber die Zahl römischer Damen, die selbstbewußt die übrigen »Präsenz-Tips« Ovids beherzigten, stieg im Laufe der Kaiserzeit sicher an. Sehr zur Freude der Männer, denen *diese* Ratschläge des Liebeslehrers an die Frauen nicht gerade als Verrat am eigenen Geschlecht erschienen sein dürften. Und so konnte Ovid seine Behauptung, mit der er den Männern Mut zur Partnersuche machen wollte, zur *self fulfilling prophecy* ausbauen: »Dir bietet Rom so viele, so reizende Mädchen dar, daß du / sagst: ›Was es je auf der Welt gab, das besitzt diese Stadt.‹«[47]

Darf der heutige Cicerone diese Feststellung als motivierenden Rat, die Augen beim Gang durchs antike Rom in moderner Umgebung offen zu halten, an seine Touristengruppe weitergeben, ohne sich den Vorwurf des »Sexismus« zuzuziehen? Heikel, heikel. Aber nachdem wir uns schon auf so glattes Parkett begeben haben, kommt's auch nicht mehr drauf an. Deshalb zum Schluß unseres Rundganges ein Tip, wo derjenige seinen »Flirtstätten-Spaziergang« beschließen sollte, der den alten Römern eine Flirtstätte voraus haben will. Ebensowenig wie auf dem Marsfeld, das dem sportlichen Training der Männer vorbehalten war, ließen sich Mädchen an jenem Becken blicken, in das das Wasser der eiskalten [Aqua] *Virgo,* einer der großen Fernwasserleitungen Roms, sich ergoß, stellt Ovid fest – und schließt dieses Becken folgerichtig als Treffpunkt aus.[48] Da hat sich freilich – nicht erst seit Anita Ekbergs legendärem Bad – einiges geändert: Der Endpunkt der *Aqua Virgo,* der »jungfräulichen Wasserleitung«, ist besser unter dem Namen *Fontana di Trevi* bekannt.

Aber natürlich gilt dieser Rat nur Herren, denen es noch freisteht und die »mit lockerem Zügel noch schweifen« können.[49] Nur für sie, die noch nicht gebundenen Junggesellen, hat Ovid ja erklärtermaßen die Übersicht über die erotischen Jagdgründe im alten Rom zusammengestellt. Ganz gewiß nur für sie.

Wo »Venus im Wein wie Feuer im Feuer wirkt«

❖

Das Gastmahl als Ort der Versuchung

Zugreifen wie die schöne Helena

Wieso Frauen der Oberschicht zunehmend an typischen Männer-»Krankheiten« wie Gicht und Kahlköpfigkeit leiden? Der Moralist Seneca weiß die Antwort auf die selbst gestellte Frage: Sie laborieren an den gleichen Zivilisationsübeln wie die Männer, weil sie denen an Zügellosigkeit in nichts nachstehen. Konkret: »Sie machen die Nächte genauso durch, sie trinken ebenso viel und sind den Männern an Öl- und Weinkonsum überlegen. Und genau wie die Männer geben sie alles, was sie ihrem widerstrebenden Magen zuviel zugemutet haben, wieder von sich und messen jeden Wein noch einmal, indem sie ihn erbrechen.«[1]
Falscher konnte man's nicht machen als diese abstoßend wirkenden »Mann-Weiber« – jedenfalls nicht, wenn man als Frau auf einem Gastmahl das Netz zum Männer-Angeln auswerfen wollte. Da war damenhaftes Verhalten gefragt, findet Ovid, und damenhafte Zurückhaltung, zumindest was das Essen und Trinken anging.
Auch die Dame darf ruhig Hunger zum Gastmahl *(convivium)* mitbringen. Zu Hause schon vorzuessen empfiehlt sich nicht – wer weiß, ob man der Versuchung widersteht, von den leckeren Speisen, die den Gästen gereicht werden, so ganz die Finger zu lassen. Und zwar im ganz wörtlichen Sinn: Aufgrund der römischen Tischsitten – man lag, auf den rechten Arm gestützt, auf

einem Speisesofa – war es üblich, kleine, mundgerechte Häppchen entweder mit einem Löffel oder eben mit den Fingern zu nehmen. Das Essen mit Messern und Gabeln war unbekannt. Entsprechend wichtig war es, die Speisen möglichst grazil zum Munde zu führen. Und das hieß: behutsam mit den Fingerspitzen in die Schüsseln und Schalen zu greifen, und zwar nicht zu ungestüm und gierig, weil man sich dann die zarten Finger unangenehm verbrennen konnte[2] und alle Versuche, sich des zu heißen Happens irgendwie zu entledigen, nicht besonders anmutig wirkten. Schon gar nicht aber mit der ganzen Hand in irgendein Gefäß langen und sich »das Gesicht... mit deiner fettigen Hand« beschmieren![3] – das mußte jedes aufkeimende Interesse eines Mannes brutal abtöten!

Was die Quantität anging, hieß die goldene Regel: »Iß nicht so viel, wie du kannst.«[4] Mach Schluß, bevor du deine »Kapazität« voll ausgeschöpft hast! Wer bis kurz vorm »Platzen« munter weiter ißt, macht sich alle Flirtchancen gnadenlos zunichte: Hätte Paris jemals daran gedacht, die schöne Helena zu entführen, wenn die sich beim gemeinsamen Mahl mit Essen nur so vollgestopft hätte? Ganz bestimmt nicht!, ist sich Ovid sicher – so eine zu rauben wäre unverzeihlich dumm gewesen![5] Da kann man ins Grübeln geraten: Wäre der Trojanische Krieg allen Beteiligten erspart, wären uns Homers großartige Epen versagt geblieben, wenn Helena das Essen so maßlos in sich »hineingeschaufelt« hätte, wie es Seneca von gewissen wenig damenhaften Damen der Oberschicht seiner Zeit schildert? Hängen Mythologie und Geschichte an derart seidenen Fäden...?

Der Rausch als Erotik-»Killer«

Wie sah es mit dem Weingenuß aus? Im Prinzip genauso wie beim Essen, wenn man Ovids Ratschlägen folgt: Wein trinken – durchaus, aber moderat! Daß Bacchus der willkommene Gefährte Amors, sein Zuarbeiter gewissermaßen, sei, war für das Altertum völlig unstrittig. Wir werden uns diesem Thema gleich eingehender zuwenden. Und daß Weintrinken auch die Dame »lockerer« und zugänglicher machte, stand ebenso fest. Deshalb war in augusteischer Zeit grundsätzlich nichts dagegen einzuwenden, wenn auch weibliche Gäste dem Alkohol beim *convivium* zusprachen und sich damit über das alte römische Weinverbot für Frauen hinwegsetzten. Schließlich waren die Zeiten lange vorbei, wo ein gewisser Egnatius seine Ehefrau noch straflos zu Tode prügeln durfte, nur weil sie einmal am Weinfaß genippt hatte.[6] Und wenn noch Augustus seine verbannte Tochter Iulia sozusagen unter Wein-Pflegschaft stellte, um sie »trocken« zu halten, so hing das mit dem zuvor exzessiven Weinkonsum der Dame zusammen, der nach Meinung ihres Vaters mitschuldig war an ihrem unsittlichen Lebenswandel.[7]

Daß Frauen nicht allzu tief ins Glas schauen sollten, liegt auch dem Liebeslehrer Ovid am Herzen. Wenn auch aus anderen Gründen als aus moralischer Empörung über die »unsittlichen« Folgen solchen Trinkverhaltens. Entscheidend ist vielmehr der ästhetische Gesichtspunkt: Wie sieht das aus, wenn Madame sturzbetrunken und völlig benebelt auf dem Speisesofa liegt und nur mehr lallen kann?! Attraktivität und Anmut gehen von einem derartigen Anblick beileibe nicht aus. Allenfalls provoziert er männliche Aggressionen, die sich in einem sexuellen Überfall auf das wehrlose Opfer austoben – der Erstbeste befriedigt seine Lust und beachtet das vorübergehende Objekt seiner Erregung dann nicht weiter.[8] So nicht!, warnt Ovid und rät zu einem Trinkverhalten, das zu einer *kontrollierten* Enthemmung führt. So genommen, ist die Droge Alkohol ein willkommenes Stimulans, das dem erotischen Abenteuer lustvoll den Weg ebnet, statt in die Sackgasse animalisch-dumpfer Triebbefriedigung zu führen.

❖

Torkeln – nein danke!

»Eher gehört sich's für Mädchen zu trinken, auch steht's ihnen besser:
Bacchus, zu Venus' Sohn paßt du ja wirklich nicht schlecht.
Dies freilich nur insoweit, als der Kopf es verträgt, Geist und Füße
Tauglich noch sind und du nicht doppelt das Einfache siehst.«

Ovid, Liebeskunst III 761–764

❖

Ähnliches gilt für den Mann, der beim Gastmahl nach einer Partnerin Ausschau hält: »Dienstbar sollen dir noch Fuß und Verstand danach sein.«[9] Das ist das Richtmaß für einen langen Abend, an dem so einiges an Rebensaft die Kehle hinuntergespült wurde. Allerdings in aller Regel verdünnt: Zivilisierte Zecher beschränkten sich auf Wein, der in einem Verhältnis von 1:2 bis 1:4 mit Wasser gemischt wurde. Wer ungemischten Wein *(merum)* trank, kam rasch in den Ruf eines Alkoholikers – und hielt auch kaum ein stundenlanges Gastmahl mit anschließendem Trinkgelage durch. Erotische Aktivität war von einem solchen »Säufer« nicht zu erwarten. Ihm erging es wie dem Sklaven Pseudolus: Der will sich nach reichlichem Weingenuß und ein paar Tanzeinlagen gerade daran machen, seine Freundin zu umarmen, bevor es zu intimeren Zärtlichkeiten kommt – »doch wie ich mich wenden will, lieg ich am Boden, und der Spaß war zu Ende!«[10]

Eine peinliche Situation für jeden Möchtegern-Liebhaber! Um ihm solche Frusterlebnisse zu ersparen, warnt Ovid davor, sich zu betrinken – zumal sich dann erfahrungsgemäß Streit und Zank schnell einstellten, was alles andere als eine förderliche Basis bei der Werbung um ein Mädchen sei.[11]

Ansonsten war die Gabe des Bacchus natürlich hoch willkommen. Verliebte und solche, die es werden wollten, schätzten sie als verläßliche Grundlage, um Hemmungen zu überwinden und sich näherzukommen. Viele sogar als notwendige Voraussetzung: *sine Cerere et Libero friget Venus* (»Ohne Ceres und Bacchus friert Venus«) bringt Terenz die Überzeugung auf den Punkt, daß das leibliche Wohl in Form von Essen und Wein der Liebe gewissermaßen auf die Sprünge helfe;[12] und diese glückliche Symbiose stellte, sieht man von ein paar nörgelnden Moralisten ab, kein Mensch in der Antike ernsthaft in Frage.

Nacht, Liebe und Wein – Goldene Worte zu einer harmonischen Dreiecksbeziehung

Nox et amor vinumque nihil moderabile suadent

»Dunkel und Liebe und Wein sind nicht für kluge Beherrschung«

Ovid, Liebesgedichte I 6,59

Et Venus in vinis ignis in igne fuit

»Und Venus im Wein wirkt wie Feuer im Feuer«

Ovid, Liebeskunst I 244 (Übers. von K.-W. Weeber)

Persuasit nox, amor, vinum, adulescentia: humanum est

»Nacht, Liebe und Wein haben den jungen Mann verlockt: Das ist doch menschlich!«

Terenz, Adelphen 470 f.

Quia istoc inlecebrosius fieri nil potest: nox, mulier, vinum homini adulescentulo

»Weil nichts verlockender für einen jungen Mann sein kann als Nacht, Weib und Wein…«

Plautus, Bacchen 87 f.

❖

49

vina parant animos (»Wein macht die Herzen bereit«)[13]: Mit diesem geflügelten Wort faßt Ovid die »eisbrechenden« Leistungen des Bacchus-Geschenks zusammen – das Vergessen der Alltagssorgen, die fröhliche, euphorische Stimmung, die »zungenlösende« Wirkung des Weins, die Überwindung der Schüchternheit, die Bereitschaft zu Tanz und Gesang und die mutige Annäherung an die Dame seines Herzens. Wobei der so gestimmte Kavalier sicher sein konnte, daß auch der *animus* des Mädchens dank Bacchus bereitwilliger war, sich auf erotisches Tändeln – und mehr? – einzulassen.

Küsse auf Entfernung – Das Weinglas als Medium

Hinzu kam, daß sich der Wein auch als sozusagen technische Flirthilfe vorzüglich eignete. Da gab es eine Reihe mehr oder weniger subtiler Techniken, um mit seiner Hilfe Flirtinteresse zu bekunden, es zu verschwiegenen Formen verliebter Kommunikation auszubauen und am Ende sogar lästige Rivalen abzuschütteln.

Eine erste Möglichkeit, die Aufmerksamkeit des Mädchens zu erregen und ihm erotische Absichten zu signalisieren, bot die verbreitete Sitte des Zuprostens bzw. gemeinsamen Anstoßens auf den Abend, auf den Gastgeber, auf den Kaiser und was es sonst alles an »Toast-Wertem« geben mochte. Dabei kreiste ein Becher in der Runde der Zechenden – und vielleicht merkte die Dame ja sofort, daß man beim Trinken die Lippen absichtlich auf eben die Stelle preßte, die ihre Lippen zuvor berührt hatten.[14] Das war eine beim Gastmahl beliebte Annäherungstechnik – aber keine verräterische, denn es mochte ja auch reiner Zufall gewesen sein, daß man exakt diese Stelle »erwischt« hatte …

Wer etwas forscher war, konnte die Zufallsvermutung durch einen tiefen Blick zu der Dame hin ausschalten – wobei selbst das noch nicht »justitiabel« war, wenn etwa der Gatte der Dame

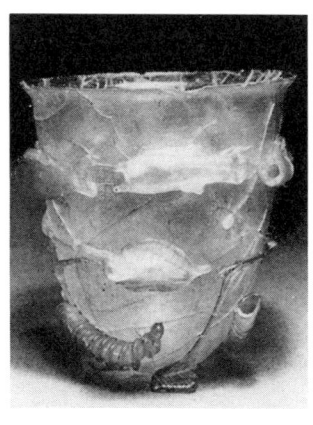

diese Signale bemerkte. Unmißverständlich wurde diese Form der Liebespost erst dann, wenn sie von einem Trinkspruch auf das Wohl des Mädchens begleitet wurde. Dergleichen verbot sich natürlich, wenn der Herr Gemahl mit in der Runde speiste oder das Pflänzchen der ersten Kontaktanbahnung noch sehr zart war. In einem späteren Stadium der Werbung war diese verbalisierte Ausbau-Variante des »Kusses auf Entfernung« möglicherweise aber nicht unpassend. Selbst ein kräftiges *bene dominae!* (»Zum Wohle der Herrin!«)[15] mußte nicht anstößig sein, weil es im »Normalverständnis« nur einer stattlichen Dame, einer »Herrin« wie z.B. der Gastgeberin gelten konnte, in der Sprache der Liebeselegie aber der *terminus technicus* für die angebetete Geliebte war. Wie immer sich der Becher-Kontakt auch im Laufe des Gelages intensivierte: Das Weinglas als erste »Fracht« anzusehen, das »deinen Kuß mir herüber [bringt] / und erzählt von der Huld, die er empfangen von dir«[16] – diese Interpretation blieb jedem unbenommen, der es in Händen hielt. Es lag an ihm, sich durch die Berührung der »richtigen« Stelle mit den Lippen zu ihr zu bekennen.

Feuchte Liebespost

Eine eindeutigere Form der Liebespost mittels Wein war seine Verwendung gewissermaßen als Flirt-Tinte: ein mit Wein benetzter Finger diente dabei als Schreibgerät, das zärtliche Zeichen, ineinander verschlungene Initialen, ein unmißverständliches *amo* unter dem Namen der Angebeteten und ähnliche »feuchte« Botschaften auf den Tisch zauberte – eine spielerische »Geheim«-Schrift, deren Reiz gerade auch in ihrem Wesen als indirekte, über zwei Medien geführte Umweg-Kommunikation lag. Und in ihrer raschen Vergänglichkeit, der man durch sofortiges Auswischen nachhelfen konnte, wenn sich die Blicke eines oder einer Falschen darauf zu richten drohten. Diese kreative Verwendung des Weins als Medium verstohlen-offener Liebeserklärungen oder Verabredungen erfreute sich, das zeigen zahlreiche Belege in der Überlieferung, großer Beliebtheit.[17]

❖

Der Olympier auf klassischen Flirt-Spuren

»Wein floß über den Tisch, und sie, mit zierlichem Finger,
zog auf dem hölzernen Blatt Kreise der Feuchtigkeit hin.
Meinen Namen verschlang sie dem ihrigen; immer begierig
schaut' ich dem Fingerchen nach, und sie bemerkte mich wohl.
Endlich zog sie behende das Zeichen der römischen Fünfe
und ein Strichlein davor. Schnell, und sobald ich's gesehen,
schlang sie Kreise in Kreise, die Lettern und Ziffern zu löschen.
Aber die köstliche »Vier« blieb mir ins Auge geprägt. [...]
Erst noch so lange bis Nacht! Dann noch vier Stunden zu warten!
Hohe Sonne, du weilst, und du beschaust dein Rom!«

Goethe, Römische Elegien XV

❖

Der Wein als Waffe – mal listig, mal deftig

Wer über schauspielerisches Talent verfügt, kann sich der vermeintlichen Wirkung des Weins geschickt bedienen. So abträglich tatsächliche Trunkenheit ist, so hilfreich kann in bestimmten Situationen gespielte sein. Denn dann kann man sich freimütiger und kecker ausdrücken, sich klarer bekennen, eindeutig Zweideutiges in den Raum stellen – ohne daß man direkt beim Wort genommen wird.[18] Es war halt der Wein, nicht man selbst, der sich diese »Frechheiten« herausgenommen hat. Die Dame entschuldigt die ungehörigen Ausrutscher – und nimmt die Botschaft gleichwohl nicht ungern auf. Und auch die anderen Gäste werden solche scheinbar weinseligen Worte nicht auf die Goldwaage legen, sondern milde über das unanständige Betragen des Freundes hinwegsehen, der – man merkt es ja an seiner schweren Zunge und seinen Schwierigkeiten mit der klaren Artikulation[19] – offenbar etwas zu tief ins Glas geschaut hat. Und selbst der Ehemann der Dame wird sich eher geschmeichelt fühlen, wenn er ein zweideutiges »Wohl dem, der das Bett mit einer solchen Frau teilt!« aus dem Munde eines kräftig beschwipsten Gastes hört. Er ahnt ja nicht, daß der ihn insgeheim zum Henker wünscht.[20]

Liebhabern, die *dieses* Ziel – wenigstens in der Form eines zeitweiligen Ausschaltens des lästigen Ehemanns – anstrebten, bot sich der Wein als Waffe an. Wenn die Strategie, den Ehemann mit freundlichen Worten und zuvorkommenden Gesten zu umgarnen und ihn so »einzulullen« (»Sicher ist's und beliebt, durch den Namen der Freundschaft zu täuschen«[21]), nicht aussichtsreich erschien, kamen als Alternative das häufige Zuprosten und Animieren zu wackerem Zechen in Richtung »Nebenbuhler« in Frage. Man trank ihn sozusagen unter den Tisch mit dem einfachen, aber wirkungsvollen Trick, daß man selbst nur am Glas nippte oder sich insgeheim Wasser einschenken ließ. War der Herr auf diese Weise in den Schlaf versenkt und man selbst »Sieger« (*victor*[22]), dann war das Haupthindernis auf dem Weg zu Zärtlichkeiten mit seiner Frau ausgeräumt – natürlich nur, wenn die Dame ihr Einverständnis signalisiert hatte.

Es kam freilich auch vor, daß der erfahrene Herzensbrecher beim *convivium* den kürzeren zog und »sein« Mädchen sich einem anderen zuwandte. Sprach er dann dem Wein zu sehr zu, dann wurden *seine* Lider auf einmal schwer – für die Frau und ihre neue Eroberung das Startzeichen, schamlos Küsse auszutauschen, wie sie »wohl kaum dem Bruder schenkt seine Schwester«. Eine Erfahrung, wie sie selbst unser routinierter Liebeslehrer Ovid leidvoll gemacht haben will.[23] Ob's stimmt, sei dahingestellt. Eher macht es diesem *lusor amorum* wohl Vergnügen, sein lyrisches Ich auch mal im Elend des Unterlegenen leiden zu lassen – und die Flirttechniken des erfolgreichen Rivalen aus dieser Perspektive darzustellen…

Rahmenbedingungen für amouröse *wellness*

»Außer den Weinen gibt's dort [bei den Gastmählern] mehr noch zu holen für dich«, verspricht Ovid seinen Lesern als Anreiz, das *convivium* als Ort der erotischen Begegnung nicht geringzuschätzen.[24] Wir haben auf den vorangehenden Seiten gesehen, in welch enger Beziehung dieses »andere« zur Bacchusgabe stand. Der Wein war eine äußerst wichtige Flirthilfe, aber er war es nicht allein, was das Gastmahl zu einer aussichtsreichen Stätte des *aditus*[25], des »Zugangs«, der »Annäherung«, machte. Es war vielmehr das gesamte Ambiente, in dem sich Amor und seine Anhängerschaft so wohl fühlen konnten, daß es ihnen als vertrauter Rahmen gleichsam amouröser *wellness* erschien. Wieso?

Das Gastmahl – und das sich häufig anschließende Trinkgelage, die *comissatio* – galten als ausgesprochene Freizeitvergnügen der Mittel- und Oberschicht. Ein überschaubarer Kreis von in der Regel bis zu neun, gelegentlich auch ein paar mehr Bekannten und Freunden fand sich schon am frühen Nachmittag im Hause des Gastgebers ein, um sich dort ein paar Stunden lang entspannt zu amüsieren und sich den Freuden des Lebens hinzugeben: Üppiges Tafeln, gute Weine, angeregte Gespräche, Würfel- und andere Gesellschaftsspiele, aber auch Gesangs-, Tanz- und

Rezitationsdarbietungen als Unterhaltungsprogramm gehörten dazu. Und man durfte sich wie zu Hause fühlen und es sich bequem machen: Legere Kleidung prägte die ungezwungene Atmosphäre ebenso wie die – damals als bequem empfundene – Haltung im Liegen auf gut gepolsterten Speisesofas.

Auf denen konnte es eng werden: bis zu drei Personen fanden regulär auf einem *lectus* Platz. Das ging ohne dichten Körperkontakt nicht ab, und es empfahl sich nicht, noch eine weitere Person auf dem Sofa zu plazieren, wollte man nicht »von stinkendem Bocksgeruch« bedrängt werden . . .[26] Dadurch, daß die im Regelfall drei Sofas in U-Form angeordnet waren, bestand zwischen allen Teilnehmern Blickkontakt – auch dies ein Detail, das zu schneller Vertrautheit der Runde beitrug.

Der informell-fröhliche Charakter des geselligen Beisammenseins kam auch in den Blumenkränzen zum Ausdruck, die die Gäste sich umhängten oder auf den Kopf legten, und den Parfüms und Salben, die der Gastgeber ihnen zur Körperpflege, aber auch als wohlriechende »Medizin« gegen den unangenehmen Geruch der blakenden Öllampen reichen ließ. War schon das gemeinsame Tafeln von aufgeräumter Stimmung, von Witz, Heiterkeit und Ungezwungenheit geprägt, so brachte spätestens das anschließende Zechen, die *comissatio,* auch die bisher noch zurückhaltenden Gäste in gute bis ausgelassene Laune. Man würfelte einen »Trinkkönig« aus, der den Trinkcomment festlegte und allerlei »verrückte Regeln« *(insanae leges[27])* aufstellte – vom Ex-Trinken bis zur Aufforderung an einzelne, einen mehr oder weniger sinnvollen persönlichen Beitrag zur Unterhaltung beizusteuern. Wenn die Dunkelheit hereinbrach, wurden Öllampen und Kerzen auf Kandelabern angesteckt. Wegen der starken Rußentwicklung begnügte man sich aber meist mit dem unbedingt notwendigen Licht, so daß das Speisezimmer eher schummrig beleuchtet war – was wie die vielen bunten Decken, Polster und Kissen auf den Liegesofas eine gemütliche Intimität evozierte.

Dies alles schuf nicht zwangsläufig eine erotisierende Atmosphäre, aber es begünstigte ihr Entstehen – dann, wenn Gastgeber und Gäste Gefallen daran fanden. Das war wohlgemerkt bei vielen Gastmählern nicht der Fall, und die Vorstellung, die »Parties« der alten Römer hätten vorrangig Orgiencharakter gehabt, ist ein durch bestimmte Filme genährtes reines Phantasieprodukt.

Herrenabend mit Hetären – Das griechische Symposion als Vorbild

Andererseits war sexuell Stimulierendes griechischen Symposien, den Vorbildern römischer *convivia* und *comissationes,* durchaus nicht fremd. Vasenabbildungen zeigen, daß es bei solchen »Herrenabenden« vielfach ausgesprochen freizügig zuging und die Gäste die sexuellen Dienstleistungen der miteingeladenen – besser sollte man sagen: gemieteten – Hetären durchaus nicht verschmähten. Ehrbare Frauen hatten keinen Zugang zum Symposion, wohl aber käufliche, vielfach künstlerisch begabte und gebildete Damen aus dem oberen »Marktsegment« der Prostitution. Daß dabei nicht mehr oder weniger rasche Triebbefriedigung im Vordergrund stand, sondern eine von den Hetären mit ihren Verführungskünsten geschickt geschaffene erotischknisternde Atmosphäre die eigentliche Faszination ausmachte, läßt ansatzweise der im Kasten abgedruckte fiktive Bericht über die Umgarnungskünste einer Hetäre erkennen, die die Kunst verführerischen Flirtens virtuos beherrschte.

❖

»Allerlei Getue« – Professionelles Flirten beim Gastmahl
Philainis an Petale

»Als ich gestern von Pamphilos eine Einladung zum Gelage erhielt, sandte ich nach meiner Schwester. Da habe ich mir ahnungslos selber eine ordentliche Suppe eingebrockt, wie sich in Wahrheit höchst deutlich erweisen sollte!

Zunächst kam sie schon einmal mit übertriebener Sorgfalt geputzt, auf den Wangen den Glanz der Schminke, und klarerweise nicht ohne vor dem Spiegel ihr Haar kunstvoll in Flechten geordnet zu haben. Um den Nacken hatte sie prächtige Ketten gehängt, den Hals zu zieren, auch anderen Tand trug sie in Menge an sich, Busenband und Armreifen, und auch Schmuck für das Haupt hatte sie keineswegs vergessen. Dazu das Gewand aus tarentinischem Stoffe, aus dem ihre junge Schönheit deutlich hervorschimmerte! Immer wieder wußte sie die Ferse so zu drehen, daß sie sich mustern konnte, und häufig verband sie beides: beschaute sich selbst und spähte, ob irgendwer anderer sie betrachte.

Dann setzte sie sich mitten zwischen mich und Pamphilos, um ja einen Abstand zwischen uns zu schaffen, und weiß durch allerlei Getue mit dem jungen Manne sein Auge auf sich zu ziehen; auch veranstaltete sie einen Bechertausch mit ihm. Der aber ließ es gern geschehen, ist er doch ein Jüngling, bei dem die Liebe locker sitzt, auch erhitzte ihm der viele Wein den Sinn. Auf diese Weise küßten sie einander verstohlen, als wär's mit dem Munde, wobei sie die Küsse mit dem Tranke schlürften, und sie ließen den Wein, der die Berührung ihrer Lippen in sich trug, bis ins Herz selbst dringen. Pamphilos aber biß von einem Apfel ein Stückchen ab und warf ihn jener mit gut gezieltem Wurfe in den Bausch. Sie aber küßte ihn und schob ihn zwischen ihre Brüste unter das Busenband, das sie sich umgelegt hatte.

Ich ärgerte mich über dieses Getue. Wie sollte ich auch nicht, wo ich

57

doch meine eigene Schwester, die ich auf meinen Armen großge-
zogen hatte, als Nebenbuhlerin sehen mußte? Das also war ihr Lohn
für meine Pflege! So vergilt sie mir nun zärtliche Liebe und stattet
billigen Dank ab!«

Aristainetos I 25

❖

Auch bei den Römern war die Teilnahme »anständiger« Frauen
am Gastmahl lange Zeit tabu. Unmöglich, einer ehrbaren Ehefrau – und, eher noch gravierender, ihrem Mann! – so etwas zu-
zumuten! Erst im Laufe der Kaiserzeit lockerten sich die Sitten
deutlich, und es kam immer öfter vor, daß Frauen die »Herren-
abende« durch ihre Anwesenheit auflockerten. Senecas Ausfälle
gegenüber den trinkfesten und »ausschweifenden« *convivium*-
Teilnehmerinnen bezeugen diese Entwicklung ebenso anschaulich wie Petrons köstliches »Gastmahl des Trimalchio«, bei dem
auch einige kongeniale Ehefrauen die Runde der neureichen
Aufschneider »schmücken«.

Mutige Matronen und »Meister des Hüftwiegens« – Das »neue« Gastmahl als Stätte erotischer Begegnung

Schauspielerinnen, Tänzerinnen und andere sittlich suspekte
Frauenzimmer waren zur Zeit der ausgehenden Republik die ersten Frauen, die an Gastmählern teilnahmen – aber eher, um die
Herren durch ein Unterhaltungsangebot zu erfreuen, das nicht
selten den klassischen Hetären-Diensten sehr nahe kam. Da
wurden anzügliche Sketche vorgetragen und Tänze aufgeführt,
die manche Männer als durchaus stimulierend empfanden –
auch wenn es nicht gerade die berühmt-berüchtigten Mädchen
aus dem spanischen Gades (Cadiz) waren, die unter Kastagnet-
ten- oder Flötenbegleitung »ihre üppigen Hüften schwingen
ließen«[28].

Zu Ovids Zeit war es dann in bohemienhaften Kreise durchaus schon üblich geworden, auch Frauen zum abendlichen Beisammensein hinzuzuziehen, die nicht unbedingt unter das gesellschaftliche Verdikt fragwürdiger Moral aufgrund ihres Berufs fielen. Besonders im Freigelassenen-Milieu nahm man es mit der altrömischen *gravitas* nicht so genau, aber hier und da wagten es auch schon emanzipierte Frauen der Oberschicht, mit auf eine Party zu gehen. So etwa die in die Catilinarische Verschwörung verwickelte Sempronia, Gattin des Decimus Iunius Brutus, Konsul des Jahres 77 v. Chr. Ihr bescheinigt der Historiker Sallust nicht nur »Witz und Anmut«, sondern auch literarische Bildung und das Talent, zur Lyra zu singen und zu tanzen – allerdings »kunstgerechter…, als es für eine anständige Frau nötig ist«[29]. Da schwingt Bewunderung für eine selbstbewußte, attraktive Frau mit, die selbst durch die sonst negative Zeichnung ihres Charakters nur oberflächlich überlagert wird.

Solche Frauen aus der Schicht der Freigelassenen und der noch kleinen Schar der »mutigen« Matronen, aber natürlich auch der eleganteren Halbwelt sind es, die Ovid beim *convivium*-Flirt in erster Linie im Blick hat – was ja keineswegs ausschloß, daß sich ein paar Jahrzehnte später, als die Zeiten toleranter geworden waren, (»Sittenverfall« nannten das die wackeren Künder altrömischer Tugendhaftigkeit) ein größerer Kreis von Leserinnen von den Ratschlägen unseres Liebeslehrers in puncto Gastmahl angesprochen fühlen konnte.

Auch für sie galt dann, das zu erlernen und gelegentlich auch beim Gastmahl vorzuführen, womit eine Sempronia schon ein gutes Jahrhundert früher die Männer fasziniert hatte: Singen, Musikinstrumente spielen und vortanzen zu können.[30] Eher noch stärker sollen sich die Herren beim *convivium* aus der Reserve locken lassen: Warum nicht ein Liedchen vortragen – und dabei vielleicht eine Dame mit vielsagenden Blicken anschauen –, warum nicht einen Solotanz aufs Parkett legen, sofern man sich geschmeidig genug bewegen kann? Auch mit den Bewegungen der Arme, auf die es beim römischen Tanzen wesentlich ankam, ließ sich manches andeuten, was man (noch) nicht auszusprechen wagte. Und vor allem imponierte man dem Mädchen, auf das man ein Auge geworfen hatte, mit solchen Kabinettstückchen – Talent vorausgesetzt.[31]

Wie man tanzte und worauf man Wert legte – ob ausgelassenfröhlich, ob mehr auf Anmut bedacht[32] –, blieb natürlich jeder Tänzerin und jedem Tänzer überlassen. Ganz sicher aber fehlten auch ausgesprochen laszive Darbietungen nicht, die man ja leicht von den Profis der leichten, zweideutigen Unterhaltung abschauen konnte. Zu solchen *artes,* »Verführungskünsten«, rechnet Horaz die aufreizenden »ionischen Tänze«, die manche jungen Frauen sehr gezielt einsetzten, um Männer für sich zu interessieren,[33] und Ovid findet nichts dabei, den Mädchen ausdrücklich die auf der Theaterbühne reüssierenden »Meister des Hüftwiegens« *(artifices lateris)* als Vorbilder für ihre Tanzeinlagen zu empfehlen, »wenn es verlangt wird beim Wein«[34].

Wein und Tanz, behagliche Pfühle und Ungezwungenheit, schummrige Beleuchtung und eine von Parfümdüften schwere Luft – all das verband sich ganz harmonisch zu einer Atmosphäre der Sinnlichkeit, die manche abendliche Gesellschaft prägte. Und das wiederum erleichterte es außerordentlich, Schüchternheit und sonst gültige gesellschaftliche Normen zu überwinden und die Situation zu einem mehr oder weniger intensiven Tête-à-tête zu nutzen.

Wie weit die Partner dabei gingen, hing von ihrem »Mut«, aber auch vom »Stadium« ihrer Beziehung ab. Wer erstmals bei einem Gastmahl ein Auge auf ein Mädchen warf, ging natürlich behutsamer vor als ein Paar, das sich schon »einig« war. Erfolgreiche Flirt-Schritte neben den schon beschriebenen Wein-Techniken war die lautlose Verständigung durch Blicke, verstohlene Handzeichen, vielversprechendes Nicken und Spiel der Augenbrauen – allesamt »lautlos ... sprechende Worte« *(verba ... sine voce loquentia)*[35]. Waren die Flirtenden durch irgendeine Rücksichtnahme – meist auf den Ehemann der Dame oder ihren Noch-Partner – den ganzen Abend über zu dieser lautlosen Kommunikation gezwungen, so konnten sie sich einer zuvor vereinbarten Geheimsprache bedienen:

>»Aber gefällt, du mein Licht, dir mein Tun und gefällt dir mein
>Reden;
>Dreh mit den Fingern den Ring immer aufs neue herum;
>[...].
>Denkst du, und freust dich daran, unsrer munteren Spiele der
>Liebe:
>Leicht an die Wangen so rot halte den Daumen gelehnt
>[...].«[36]

Mit solchen Geheimbotschaften, tiefen Blicken und sprechenden Gesten ließ sich, beherrschte man diese Kunst der verschwiegenen amourösen Signale, eine erwartungsvolle Spannung aufbauen, deren erotisches Knistern mancher Form verliebten Schäkerns deutlich überlegen sein konnte...

Gewiß galt es aber je nach Situation auch *das* nicht zu vernachlässigen. Wenn dabei der Frau vornehmlich die Aufgabe zukam, durch Aussehen und Liebreiz zu gefallen, so war der Mann gut beraten, eben dies auch angemessen zu würdigen: Komplimente waren nie verkehrt, und mit der Wahrheit brauchte man es dabei nicht ganz so genau zu nehmen: »Glaubhaft zu sein, ist nicht schwer: Für liebenswert hält sich doch jede«[37].

Auch unsicheren Flirtkandidaten, die noch gar nicht so recht wissen, ob sie mit der Dame überhaupt anbandeln wollen, rät Ovid zur beherzten Offensive: Erst einmal den Verliebten spielen und diese Rolle mit allen Konsequenzen übernehmen! Das Weitere wird sich schon finden, und, wer weiß, am Ende steht dann die echte Liebe, die man zunächst nur vorgespielt hatte.[38] Kein schlechter Liebeslehrer, der der Eigendynamik des Flirts vertraut! Er kennt sich in der Psyche seiner Schüler aus.

… bis zur »Vollendung des süßen Werks«

Was mit Blicken und Worten begann, ließ sich je nach dem Grad der – vorher schon vorhandenen oder rasch hergestellten – Vertrautheit zu körperlichen Liebesbezeugungen steigern: Zärtliche Umarmungen und Küsse waren nicht verpönt. Bei Parties, auf die man Damen aus dem Halbweltmilieu einlud,[39] überrascht es nicht, wenn sich mit Fortschreiten des Abends »Lippe an Lippe schmiegt, beim süßen Zungenspiel das Pärchen sich ertappt und Brust an Brust sich preßt«[40].

Aber auch beim normalen Gastmahl kam es – zwar deutlich seltener, aber in der Kaiserzeit wohl nicht mehr nur in Ausnahmefällen – zu dem, was der eifersüchtige Rivale *crimina,* »Verbrechen«, nannte[41]: Sanftes Streicheln, zarte Berührungen der Füße, »schamlose Küsse«, bei denen »die Zungen … in dem Spiel« sich verflechten, Aneinanderpressen der Schenkel, Verflechten der Beine, der Griff an den Busen der Dame und sogar, getarnt durch die Kissen und Decken, die die Liege üppig bedeckten, die »Vollendung des süßen Werkes«[42] – wobei dergleichen immerhin auch unter Eheleuten vorkam.[43]

Daß auch einmal die Frau die Initiative ergriff und einem Mann

beim Bankett unverhüllt sexuelle Avancen machte, war die Ausnahme. Aber schon Horaz schildert als Symptom des von ihm beklagten Sittenverfalls das Beispiel einer Jungvermählten, die sich beim Gelage in Anwesenheit des Ehemanns ungeniert einen Liebhaber unter den anwesenden jüngeren Männern aussucht – ohne besonders wählerisch zu sein! – und ihm im Dämmerlicht des Trinkgelages »verbotene Freuden schenkt«.[44] Um so weniger erstaunt es, wenn die alte Lebedame Lyce sich an junge Zechgenossen heranmacht und mit eindeutigen Angeboten »den säumigen Amor lockt«. Der bleibt indes spröde und gibt der schon arg verwelkten Schönheit keine Chance…[45]

… et respice finem!

In der *Ars amatoria* geht Ovid im übrigen nicht so weit, seinen Schülern das *convivium* als Ort *sexueller* Kontakte vorzustellen. Er schildert es vorrangig als Gelegenheit, eine Partnerin oder einen Partner kennenzulernen, sie bzw. ihn mit Charme und

Witz, Anmut und Keckheit zu betören und das mehr oder weniger heftige Flirten zu genießen.

Enttäuscht darüber, daß er hier – anders als in seinen »Liebeselegien« – die durchaus realistische Aussicht auf eine pikante Fortsetzung der so geknüpften zarten Bande noch am selben Abend verschweigt?

Er ist eben ein bei allem Temperament doch besonnener Lehrer, der seine Ratschläge nicht ohne eine gehörige Portion Pragmatismus erteilt. Wer sich beim *convivium* zu sehr in einen neuen Partner verguckt, dem kann am nächsten Morgen eine herbe Enttäuschung bevorstehen, mahnt unser Erotik-Führer:

> »Nachts sind die Fehler versteckt, man verzeiht dann jeglichen Makel;
> Jede beliebige Frau macht diese Tageszeit schön.
> Geht es um Edelsteine, um purpurfarbige Wolle,
> Körperbau oder Gesicht, frage den Tag du um Rat!«[46]

Schriftliche Annäherung

Der klassische Liebesbrief

Diskret und klein im Format – Die Vitellius-Täfelchen

Ein Liebesbrief in lateinischer Sprache? Um Himmels willen!, würde heutzutage jeder abwehren: das reinste Erotik-Harakiri! Wenn man ein gerade geschlungenes zartes Band mutwillig zerschneiden will, dann gehe das am besten mit einem lateinisch geschriebenen *billet doux*...

Das Problem hatten die Römer natürlich nicht. Aber trotzdem stößt man oft auf ungläubiges Erstaunen darüber, daß es diese Textsorte bei den Römern gegeben haben soll. Allzu gravitätisch und seriös komme die Sprache Ciceros und Caesars doch daher, als daß sie sich für die »Niederungen« solcher Alltagskommunikation anböte – ein Vorurteil, das durch die mitunter immer noch einseitige Lektüre-Auswahl im Lateinunterricht genährt wird. Denn natürlich stellt auch das Lateinische Verliebten genügend Sprachmaterial zur Verfügung, um Süßholz zu raspeln! Und natürlich bedienten sich die »Opfer« Amors dieser Möglichkeit auch in schriftlicher Form. Nicht das »Ob« war für sie die Frage, sondern das »Wie«.

Und da lassen wir uns von unserem Erotik-Lehrer Ovid etwas auf die Sprünge helfen. Dabei werden einige Ratschläge auch für die herausspringen, die sich zwar des Mediums Liebesbrief, nicht aber der lateinischen Sprache bedienen möchten...

Zunächst zum Äußeren. Als Schreibmaterial empfahlen sich die für Mitteilungen des täglichen Gebrauchs allgemein üblichen Holztäfelchen. Sie waren mit einer Wachsschicht überzogen, in die die Buchstaben mit einem spitzen Griffel *(stilus)* geritzt wurden. Mit der anderen, breiteren Seite des Griffels ließ sich das Wachs wieder glätten. Die Antwort konnte also auf demselben Wachstäfelchen *(tabula cerata)* zurückkommen. Wer viel zu sagen hatte, band mehrere Täfelchen aneinander. Das kam aber bei Liebesbriefen wohl nur selten vor. Viel öfter fanden statt dessen besonders kleine Tafeln Verwendung, die wohl nach ihrem Erfinder Vitellius-Täfelchen genannt wurden. Sie waren schon an ihrem Format als Überbringer einer Liebesbotschaft zu erkennen[1]: In der Kürze lag die Würze. Und außerdem erlaubte diese Größe ein besonders diskretes *handling* – was, wir werden es noch sehen, vielfach bitter nötig war.

Bitten und Schmeicheln kann man erlernen

Da sitzt nun ein sterblich Verliebter in seinem Kämmerlein, nagt an seinem *stilus* herum und findet keine geeigneten, besonders ausgefallenen Worte. Einem anderen ist das Herz so voll, daß er seine Gefühle ungestüm und ungefiltert auf eine Schreibtafel verströmt. So natürlich und verständlich das Verhalten des einen wie des anderen sein mag – hilfreich für sein Werbe-Anliegen ist es nicht. Meint jedenfalls Ovid, denn das Verfassen eines Liebesbriefs ist nach seiner Überzeugung eine *ars*, eine handwerkliche Fähigkeit, bei der man sich die Worte nicht nur vom Gefühl, sondern auch vom Verstand diktieren lassen soll. Das beraubt den Liebesbrief zwar seiner Romantik, steigert aber seine Effizienz – obwohl das, so formuliert, doch härter und berechnender klingt, als Ovid es meint. Aber richtig ist schon, daß er dem spontanen Herzenserguß skeptisch gegenübersteht. Wie jeder Lehrgegenstand, so verlangt auch der Liebesbrief nach didaktischen Vorgaben und methodischer Umsetzung. Und wenn die didaktische Zielvorstellung wesentlich in einer möglichst erfolgreichen Werbung besteht, dann hat sich die Methodik gefälligst danach zu richten!

Was soll in einem Liebesbrief stehen, der noch ziemlich am Anfang einer Beziehung geschrieben wird und den Zweck hat, die Dame des Herzens endgültig für sich zu gewinnen? *Blanditiae* zuallererst, fordert Ovid, Schmeicheleien und liebe Worte, ähnlich den geflüsterten verbalen Liebkosungen, wie sie unter Verliebten üblich sind.[2] Auch Bitten machen sich gut; eindringliches, aber nicht forderndes Bitten – vor allem natürlich die um ein möglichst baldiges Rendezvous. Wer richtig zu bitten versteht, der hat gute Chancen, den anderen zu erweichen. Wie immer, so hält auch hier die Mythologie überzeugendes Beweismaterial bereit: Ist nicht sogar Achill den Bitten des Priamos erlegen und hat trotz seiner Wut und Trauer den Leichnam Hektors herausgegeben?[3]

Bitten zu können fiel allerdings nicht jedem leicht, schon gar nicht jedem Mann. Die tendenziell machohafte Überzeugung, die Bitten als eine Form der Selbsterniedrigung diskreditiert, ist aber dem viel stärker auf Partnerschaft hin angelegten Liebesverständnis Ovids fremd. Ihm – wie den anderen Elegikern –

macht es nichts aus, sich auch mal vor einer Frau ganz klein zu machen; eine Lektion in Sachen Erotik, die so überholt gar nicht zu sein scheint.

»Versprich nur wacker!« – Der Liebesbrief als Mogelpackung

Schöne Worte und schmeichelndes Bitten waren die eine Sache. Wo aber blieben die Taten? So jedenfalls dachte manch ein Mädchen, und es hoffte dabei ganz konkret auf materielle Gaben. Kleine Geschenke erhalten bekanntlich die Freundschaft. Für Römerinnen – jedenfalls die, die Ovid in seiner *Ars* vor allem im Blick hat – *begründeten* sie erst einmal eine Freundschaft. Sie fanden nichts dabei, diese nicht gerade romantische Basis einer Liebesbeziehung zu klären, bevor sie dem Lockruf des mehr oder weniger jungen Mannes nachgaben. Das Thema »Geschenke« war für die Männer ein ständiges Ärgernis; angesichts der sozialen und wirtschaftlichen Stellung vieler Frauen aus der Freigelassenenschicht war es für sie aber oftmals auch eine existentielle Notwendigkeit, diesen Punkt eines Liebesbundes nicht zu vernachlässigen.

Im ersten Liebesbrief-Stadium einer Beziehung mußte die Devise jedenfalls heißen: sich nichts verbauen, sich alle Optionen offenhalten – und die Dame nicht von vornherein verprellen. Im Klartext: Man machte ihr Hoffnung auf die eigene Großzügigkeit. »Daß du nur ja viel versprichst«, ermutigt Ovid unseren Liebesbrief-Neuling. »Denn was schadet es schon zu versprechen?« Und, noch deutlicher: »Reich an Versprechungen kann jeder beliebige sein«[4].

Mit dem Einlösen der Versprechen dagegen kann man sich ruhig Zeit lassen! Denn die Liebe ist auch ein Katz-und-Maus-Spiel: Wer garantiert einem Liebhaber, daß er auch wirklich alles bekommt, was er möchte, wenn er unvorsichtigerweise in Vorlage getreten ist? So wie das Mädchen versuchen wird, erst einmal eine Belohnung für erotische »Dienstleistungen« herauszuholen, muß der Mann bestrebt sein, ihr das Versprochene möglichst lange vorzuenthalten. Wie eine süchtige Spielerin wird sie dann immer wieder zum »Würfel« greifen – in der Hoffnung, endlich einmal nicht zu verlieren...[5]

Soweit die Theorie. In der Praxis sah es vielfach ganz anders aus. Da war es keineswegs regelmäßig der »böse« Mann, der seine gutgläubige Partnerin hinhielt. Das wußte auch Ovid, und zumindest sein lyrisches Ich hatte das oft genug schmerzlich erfahren. Daher die taktische Anweisung, im Liebesbrief mit dem Prinzip Hoffnung nicht zu geizen, auch wenn man's gar nicht so generös meint. Ein bißchen Unredlichkeit gehört mit zum Spiel – auf seiten des Mannes natürlich nur aus Notwehr gegenüber den planvollen Ränken einer berechnenden Schönen...

Wortgeklingel und hohles Pathos: »Reiner Wahnsinn!« – Sprache und Stil des Liebesbriefs

Übertreibungen und kleine Mogeleien im Inhaltlichen waren gestattet; das gehörte einfach zur Textsorte Liebesbrief. In sprachlicher Hinsicht jedoch war Vorsicht geboten. Natürlich empfahl es sich, alle rhetorischen Register zu ziehen und so die stilistische Brillanz, die man für Reden im politischen und juristischen Raum erlernt hatte, auch als Waffe im erotischen Eroberungskampf einzusetzen. Aber nicht mit hohlem Pathos und deklamatorischen Phrasen, die verdächtig nach den vorgestanzten Formeln der Rhetorikschulen klangen! »Reiner Wahnsinn!«, urteilt Ovid über Liebesbrief-Schreiber, die mit bombastischem Redeschwall und hochgestochenem Wortgeklingel Eindruck schinden wollen. Sie haben schon verloren, bevor der Brief überhaupt abgeschickt ist. Tiefe Abneigung (*odium*) ziehen sie sich damit zu, falls sie überhaupt eine Reaktion erhalten.[6]

Nein, nicht mit gestelzter, von Eitelkeit und Imponiergehabe

diktierter Ausdrucksweise gewinnt man das Herz eines Mädchens, sondern mit sprachlicher Glaubwürdigkeit und mit der
Verwendung alltäglicher Worte. So zu schreiben, »daß sie denkt,
daß du selbst mit ihr sprichst«, rät Ovid – was nicht den Verzicht
auf Schmeicheleien und geschickte Argumentation bedeutet.[7]
Keiner soll seine rhetorische Bildung verleugnen, aber er soll
nicht mit ihr protzen: Die Werbung um die Dame steht im Vordergrund, nicht die Bewerbung um ein Amt oder einen Lehr-
stuhl für Rhetorik.

Ähnliches gilt, um in diesem Punkte auf die Reaktion des
Mädchens vorzugreifen, für das Antwortschreiben. Auch hier ist
eine sprachlich angemessene Form wichtig: Eine *barbara lingua*,
allzu umgangssprachliche Ausdrücke, Grammatikfehler und stilistische Unbeholfenheit, hat schon manchen feurigen Liebhaber

beim Lesen schlagartig erkalten lassen. Und auch eine hochtrabende, geschraubte Diktion facht die Glut des Liebhabers nicht gerade an. Er erwartet eine ordentliche, nett formulierte Antwort in einem Latein, wie man es gewöhnlich spricht – und diese Erwartung sollte die Dame schon erfüllen, wenn sie sein Interesse an ihr wachhalten will.[8]

❖

Intimes in die Wand geritzt –
Aus »offenen« Graffiti-Liebesbriefen

»Wer wird mit dir die Nacht in glücklichem Schlafe verbringen?
Könnte ich das tun, so wäre ich viel glücklicher!«

»Amor diktiert mir, was ich schreiben soll, und Cupido führt mir
die Hand.
Ach, lieber will ich sterben, als ohne dich sogar ein Gott zu sein!«

»Wenn du weißt, was die Liebe vermag, wenn du erkennst,
daß du Mensch bist,
dann erbarme dich meiner und gib mir die Erlaubnis,
zu dir zu kommen!«

»Ach, dürfte ich doch meine Arme um deinen Hals geschlungen
halten und deinen zarten Lippen Küsse geben ...«
Corpus Inscriptionum Latinarum (CIL) IV 1918; 4971; 5296

❖

Wie gelangte der Liebesbrief an die Adressatin, wie kam die Antwort zurück? Der Briefkasten oder ähnliches kam nicht in Frage: Es gab keine Post, die Privatkorrespondenz befördert hätte. Gewöhnlich vertraute man seine Schreiben Freunden und Bekannten an, die in die Nähe der Adressaten reisten. Im Stadtgebiet Roms waren die Wege verhältnismäßig kurz. Daher wurden dort in der Regel Sklaven oder auch Freie, die sich ein kleines Zubrot verdienen wollten, mit der Briefbeförderung beauftragt.

Bei unserer pikanten Korrespondenz empfahl es sich allerdings dringend, seinen *Postillon d'amour* vorher genau anzusehen. Er mußte verschwiegen, zuverlässig und charakterlich einwandfrei sein. Denn gerade in den Fällen, wo die Dame verheiratet war, bedurfte es äußerster Diskretion. Sklaven, die man erst kurz zuvor erworben hatte und die entsprechend unerprobt waren, kamen als Überbringer nicht in Frage: Konnte man ausschließen, daß sie mit ihrem Wissen hausieren gingen oder es mißbrauchten, um Absender und Adressatin zu erpressen? Solche Fälle von Verrat muß es wohl gar nicht so selten gegeben haben – mit den unangenehmsten Folgen für das kompromittierte Liebespaar. Daher Ovids eindringlicher Rat, sich bloß vor solch einem Joch ständiger Angst vor Erpressung in acht zu nehmen.[9]

Wer sich nicht ganz sicher war, tat besser daran, sich durch ein paar Tricks abzusichern, die die eigene Anonymität wahrten. Das einfachste Mittel war eine verstellte Handschrift; nach Möglichkeit, empfiehlt unser mit allen Wassern gewaschener Ratgeber, solle man gleich über *mehrere* verstellte Schriften verfügen[10] (er sagt es nicht ausdrücklich, aber vielleicht denkt er dabei an die gleichzeitige Liebeskorrespondenz mit mehr als einem Partner...). Wichtig auch, die Spuren des zugestellten Briefes auf dem Wachstäfelchen sorgfältig zu löschen, bevor die Antwort darauf geschrieben wird! Man kann nie wissen, wem das Dokument in die Hände fällt; da reicht *eine* Handschrift allemal. Und für die Vorsichtigen bzw. die, die mit Blick auf ihren Ehemann allen Grund zur Vorsicht haben, gilt: Man tut so, als schreibe man einer guten Freundin. Dazu braucht man nur das »er« gegen ein »sie« auszuwechseln, und schon ist der Verdacht eines Seitensprungs ausgeräumt.[11]

»Liebeskunst« oder Anstiftung zum Ehebruch? –
Den moralisch Empörten zur gefälligen Kenntnis

Daß Ovid mit seinem Plädoyer für die freie Liebe die strenge Ehegesetzgebung des Augustus faktisch unterlaufen hat, steht außer Frage. Die Quittung (unter anderem) dafür war seine Verbannung nach Tomi. Wer sich indes heute über Ovids tatsächliche oder vermeintliche Anstiftung zum Ehebruch empört, sei daran erinnert, daß nur ein kleiner Teil der in der Antike geschlossenen Ehen Liebesheiraten waren. Andere Gesichtspunkte wie die Entscheidung der Eltern, gesellschaftliche Rücksichten, die Höhe der Mitgift oder die zu erwartende »Gebärfreudigkeit« der Braut – wichtigster Sinn der Ehe war die Zeugung legitimer Nachkommen – spielten bei der Wahl der Partnerin eine viel größere Rolle. Das wiederum erhöhte die Anfälligkeit der Ehegatten für außereheliche Versuchungen, wenn auf einmal leidenschaftliche Gefühle für eine(n) Fremde(n) ins Spiel kamen. Das eigentliche Übel der problematischen Auswahlkriterien kritisierte schon der stoische Philosoph Hierokles:

»In der Tat es ist so, daß für sehr viele die Ehe unerträglich ist, aber nicht wegen der Ehe an sich und nicht weil die Gemeinschaft mit der Frau von Natur aus so wäre. Nein, sondern weil wir Frauen heiraten, die man nicht heiraten sollte, und wenn wir uns außerdem selbst völlig lebensunkundig verhalten und ganz ungeschickt sind, eine Frau so zu behandeln, wie eine freie Frau behandelt werden müßte, dann führt dies so weit, daß die Gemeinschaft schwierig und unerträglich wird.«

Hierokles, Über die Ehe, bei Stobaios IV 22,24 (Übers. von K. Gaiser)

Zu den bevorzugten Qualifikationen eines *Postillon d'amour* (der durchaus weiblichen Geschlechts sein durfte) gehörte neben der diskreten Abwicklung seiner delikaten Mission auch eine gute Beobachtungsgabe. Wie nimmt die Adressatin den Liebesbrief auf? Wie reagieren ihre Augen, wie ihre Stirn, während sie das Schreiben liest? Bleibt sie »cool«, oder verrät die schweigende Miene ihre Gefühle? All dies soll der Überbringer möglichst genau registrieren, damit er seinem Auftraggeber detailliert berichten kann.[12]

»Durchsetzungsfähigkeit« des Boten ist ebenso wünschenswert. Sie äußert sich zum einen darin, daß er sich nicht an der Haustür damit abspeisen läßt, den Liebesbrief einfach abzugeben, sondern ihn der Dame persönlich aushändigt – und darauf dringt, daß sie ihn sofort liest. Er selbst steht für weitere »Auskünfte« bereit; natürlich immer im Sinne seines Auftraggebers. Erkundigt sich die Dame nach dessen Befinden, so hat er blitzschnell die Chance wahrzunehmen, die Botschaft des Briefes durch einen dramatischen Lagebericht zu »unterfüttern«: Der Ärmste sei in Gedanken ganz und gar bei seiner Angebeteten, er lebe nur durch die Hoffnung auf die Nacht…[13]

Und dann der wohl schwierigste Teil der Mission: die Dame zu einer sofortigen Antwort zu bewegen. Ihr klarzumachen, daß das kein großer Aufwand sei: Es reiche völlig aus, wenn sie quer über die Tafel ein einziges Wort schreibe: *veni,* »komm!«[14]

Gratwanderung zwischen Bangen und Hoffen:
Die Antwort des Mädchens

Eben das, erwidert der Erotik-Ratgeber Ovid dem Liebhaber Ovid, solle sie auf keinen Fall tun – jedenfalls nicht im Stadium der Anbahnung der Beziehung. Eine solche Spontanreaktion nimmt dem Mädchen nicht nur die Möglichkeit, den Liebesbrief auf die Motive seines Verfassers und die Echtheit seiner Gefühle hin eingehender zu prüfen – dafür bietet sich eine zeitintensive, fast philologische Analyse des Wortlautes an – ; sie wäre auch ein schwerer taktischer Fehler im Flirtgeplänkel zwischen den Partnern. Sich ruhig ein bißchen Zeit lassen mit der Antwort, heißt die Devise. Nicht *zu* lange, denn das könnte zur Resignation und »Neuorientierung« des Mannes führen. Läßt man ihn aber eine kurze Zeit lang zappeln, pardon: zwischen Hoffen und Fürchten schwanken (so drückt es unser Flirt-Cicerone eleganter aus), dann entfacht das seine Glut um so mehr. Und es eröffnet auch, wie Ovid wohl aus Solidarität mit seinen männlichen Geschlechtsgenossen hier nicht ausdrücklich hinzufügt, bessere Aussichten auf »Geschenke«.

Auch sollte die erste Antwort nicht gleich ein begeistertes »Ja« enthalten oder gar das so heiß ersehnte »Komm!«. Statt dessen allenfalls die Andeutung, daß die schmeichelnden Worte des Liebesbriefes nicht auf taube Ohren gestoßen sind; aber noch nichts Konkretes. Andererseits aber auch kein energisches »Nein!«, dessen demotivierende Wirkung nicht zu berechnen wäre.[15] Kurz gesagt: Das erste Antwortschreiben hat eigentlich nur den Sinn, den nächsten Liebesbrief zu provozieren. Das »Spielchen« läßt sich über geraume Zeit hinweg fortsetzen, aber es soll eine Progression aufweisen: Die Wendungen, die den Werbenden eher bangen lassen, sollen in den Antworten allmählich weniger Raum einnehmen, die Hoffnung machenden »Anteile« dagegen immer mehr – bis dann das erlösende Ja zum Rendezvous in Wachs geritzt wird.

❖

Liebesbrief-Anweisungen auf dem philologischen Prüfstand:
Ovids sprachliche Meisterschaft

Fac timeat speretque simul, quotiensque remittes,
Spesque magis veniat certa minorque metus.

>»Lasse ihn fürchten und hoffen zugleich, und sooft du
zurückschreibst,
Werde geringer die Furcht, größer die Hoffnung in ihm.«[16]

Im ersten Vers halten sich Bangen und Hoffen noch die Waage; das
numerische Verhältnis der beiden Verben (1:1) bestätigt das simul
(»gleichzeitig«). Wenn überhaupt, liegt ein ganz leichtes Überge-
wicht aufgrund der Erst-Erwähnung (timeat vor speret) beim Bangen. Die sprachliche Gestaltung des zweiten Verses veranschaulicht,
daß sich die Gewichte zum Hoffen hin verschieben sollen: spes in der
betonten Anfangsstellung; magis deutet die Progression in Richtung
Hoffen an, certa (auf spes bezogen) löst den Spannungsbogen: Jetzt
ist die Hoffnung »sicher«. Das Hoffnungsthema nimmt mehr Raum
im Vers ein, da es bewußt über den metrisch markanten Einschnitt in
der Versmitte gezogen wird. Das Bangen wird zur Nebensache; es
wird nur noch kurz erwähnt und fällt auch rhythmisch zum Versende
hin ab.

Propositum tene! – Von richtigen und falschen Reaktionen
auf eine enttäuschende Antwort

Wie reagiert der feurige Liebhaber auf diese Hinhaltetaktik? Verständlich, daß er zunächst enttäuscht ist. Je inständiger er auf so-
fortige »Erhörung« gehofft hat, um so größer ist natürlich, auch
wenn keine endgültige Absage zurückgekommen ist, der Frust.
Wenn der sich gegen die Wachstäfelchen richtet, die nicht die erwünschte Nachricht tragen, dann ist gegen diesen »Blitzableiter«
nichts einzuwenden. Soll sich der Ärger nur an dem »unnützen
Brett« abreagieren! Das Gewicht eines darüber rollenden Wa-
genrades soll die verfluchte Tafel zermalmen, die der zärtlichen
Liebesworte nicht würdig war! Für die pedantischen Tagesab-

rechnungen eines alten Geizkragens – da wäre sie gerade recht, und wahrscheinlich ist sie eh aus einem Stamm gefertigt worden, der sein Holz ansonsten dem Henker zum Bau von Kreuzen bereitwillig geliefert hat…[17]

Und was der Verwünschungen mehr sind! Aller Zorn richte sich gegen die Schreibtäfelchen, nicht aber gegen das Mädchen. Ihm gegenüber heißt es, keine Spur von Resignation erkennen zu lassen. Selbst wenn sie es ausdrücklich abgelehnt hat, den Liebesbrief zur Kenntnis zu nehmen, und der Bote ihn ungelesen zurückbringt, so ist das noch kein Grund, den Mut zu verlieren. *Propositum tene!*, »halte an deinem Vorhaben fest!«, ruft Ovid dem enttäuschten Verfasser zu – und versuche es ein weiteres Mal, ja viele weitere Male.[18]

Falsch wäre es auch, sich in dieser Situation zu bösen Worten und Drohungen hinreißen zu lassen. Oder in irgendeiner Weise Druck auszuüben, um eine Antwort zu erhalten. Auf Dauer wird sie sich den werbenden Worten nicht entziehen können: Geduld ist eine unabdingbare *lover*-Tugend. Steter Tropfen höhlt den Stein, tröstet Ovid. Genauer übersetzt: »Weiches Wasser höhlt doch schließlich den harten Stein aus.«[19] Oder für den, der mythologisches Beweismaterial dem naturwissenschaftlichen vorzieht: Auch eine Penelope wird sich irgendwann geschlagen geben. Historisches Argument zusätzlich gefällig? Bitte schön: Spät wurde Troja erobert, aber eben doch erobert![20]

Man merkt: Unserem Lehrer Ovid liegt sehr daran, den Liebesbriefschreiber zum Durchhalten zu motivieren. Selbst eine in harschem Ton formulierte Antwort der Dame, sie verbitte sich weitere Belästigungen durch Briefe, brauche er nicht ernst zu nehmen: »Was sie dich bittet, das fürchtet, und was sie nicht bittet, das wünscht sie: / Daß du beharrst; also tu's, und du erhältst, was du willst.«[21]

Der Liebesbrief, das lernen wir bei Ovid, soll kein amouröses Strohfeuer sein, das verglimmt, sobald es auf Widerstände trifft. Langer Atem tut not, um es immer wieder anzufachen. Wer schnell verzagt, sollte von vornherein zu anderen Instrumenten der Liebeswerbung greifen; der Liebesbrief ist in der Regel kein sofort wirkendes Medikament, das unmittelbare Linderung und Erlösung verspricht. Er ist vielmehr Teil einer therapeutischen Strategie, die mitunter auch langfristig angelegt sein muß – je nach dem Durchhaltevermögen der zu erobernden »Festung«, das man freilich erst im Laufe der Zeit einzuschätzen lernt. Aber ist nicht gerade für Liebende jener Schwebezustand zwischen Hoffen und Bangen, zwischen Abfuhr und Erhörung auch durchaus lustvoll? Liebeswerbung ist auch ein Spiel zwischen den Geschlechtern; aber, glaubt man Ovid, nicht so sehr ein Glücksspiel. Anders als beim Roulette steht nämlich der geduldige, beharrliche »Spieler« schließlich als Sieger da: Konsequentes Weitersetzen auf dieselbe »Zahl« wird am Ende belohnt.[22]

Und wenn's wirklich mal daneben geht und alle Briefe ungelesen oder mit deftigen Absagen zurückkommen? Dann muß sich der Liebesbriefschreiber halt schon umorientieren. Es gibt ja in Rom – und anderswo – auch noch andere hübsche Mädchen, die sich brieflichen Avancen gegenüber weniger spröde verhalten. Um so besser, wenn sich einer im Schreiben von Liebesbriefen schon geübt hat! Da erübrigt sich bei der neuen »Flamme« der Blick ins Regelbuch der »Ars amatoria«.

Und auch die Schreibtäfelchen kann man sogar wiederverwenden. Vorausgesetzt, man hat sie vorher sorgfältig überprüft und das Wachs spurenlos geglättet. Denn es wäre wohl nicht sehr förderlich, wenn im neuen Liebesbrief der Name der früheren Adressatin noch durchschimmerte ...[23]

Strategien männlicher Liebeswerbung

Initiative ist Männersache

Es war kein Geheimnis, daß Jupiter als geradezu notorischer Frauenheld gelten mußte. Ein nicht geringer Teil der griechisch-römischen Mythologie »lebt« von seinen Seitensprüngen (und dem Unmut seiner Gattin Juno darüber). Es konnte also kaum falsch sein, wenn sich jeder, der sozusagen in die amourösen Fußstapfen des höchsten Gottes treten wollte, an dessen Vorbild orientierte. Und das hieß bei der Liebeswerbung ganz konkret: Im Rollenspiel der Geschlechter hatte *der Mann* die Initiative zu ergreifen. Die Frau mochte – und sollte – ihre mannigfachen Reize einsetzen; aber der entscheidende erste Schritt mußte vom Mann ausgehen. An diesen ehernen Grundsatz antiker Liebeswerbung hielt sich sogar der große Jupiter. Er wartete nicht ab, bis ein Mädchen ihn verführte, sondern nahm die Sache stets selbst in die Hand.[1] Und wenn nicht einmal der Herrscher über Götter und Menschen sich zu schade dafür war, aktiv um die Gunst einer Frau zu buhlen und sich dabei auch »klein« zu machen, dann sollte ein sterblicher Mann erst recht nicht vor falschem Stolz in einer Position des Abwartens verharren. Die Maxime hieß vielmehr eindeutig: *vir prior accedat*, »Der Mann mache den ersten Schritt!«[2]
Daß dieser erste Schritt vielleicht durch eine Fülle erotischer Signale seitens der Frau provoziert worden war, stand auf einem anderen Blatt. Zum festen Ritual der Partnerwerbung jedenfalls gehörte das *petere* oder *rogare* des Mannes, sein »Bitten« in jeder, der jeweiligen Situation angemessenen Ausprägung: vom fle-

hentlichen »Betteln« bis zum eindringlichen Fordern. Die weibliche Psyche, darin ist sich Ovid sicher, verlangt diese männliche Werbeaktivität: »Sie wünscht nur, gebeten zu werden.«[3]

Ob diese psychologische Deutung zutrifft, mag heute umstritten sein. Denn natürlich spiegelte sich in dieser Rollenverteilung auch ein grundlegender Zug der gesellschaftlichen Wirklichkeit der griechisch-römischen Zivilisation, die der Frau nur den zweiten Rang zubilligte und sie dem Mann unterstellte.

Was aber bei Ovid nicht heißt, daß sich der Mann auf erotischem Gebiet als Pascha gerieren soll, der die »Puppen« gewissermaßen nach seiner Pfeife tanzen läßt. Genau das Gegenteil ist der Fall. Bei der Liebeswerbung soll sich kein Mann zu fein für ein Verhalten sein, das eher dem Unterlegenen zukommt. Die Elegiker haben die *domina,* »Herrin«, als Bezugsinstanz für den liebenden Mann entdeckt, und ihr gegenüber ist, wenn es sich als nötig erweist und zum Erfolg führt, selbst »sklavisches« und »unmännliches« Verhalten legitim, auch Selbstverleugnung und Selbsterniedrigung. Nicht alle Strategien der Werbung erfordern das, bei einigen aber kommt man ohne die Attitüde des *supplex*, des demütig Flehenden, nicht aus – siehe Jupiter.[4]

Praeconium formae – Komplimente als Werbungs-Droge

Eine der leichtesten Übungen gekonnter Liebeswerbung sind Komplimente. Es kann einem Liebhaber ja nicht schwerfallen, das auszudrücken, was er an seiner »Flamme« besonders schätzt. Aber es ist verlorene Müh, im stillen Kämmerlein oder nur gegenüber Freunden über sie ins Schwärmen zu geraten. Nützlicher im Sinne einer »Zielorientierung« ist es, das alles ihr selbst zu sagen: ihr Gesicht zu loben, ihre Haare, ihre feinen Finger und kleinen Füße zu rühmen… Kurz gesagt geradezu als Herold ihrer Schönheit *(praeconium formae)* in Erscheinung zu treten.[5]
Keine Sorge, daß ihr ein solches Feuerwerk an Komplimenten nicht gefallen könnte! Dafür hat noch jede Frau offene Ohren gehabt, weiß Ovid. Selbst Jungfrauen hören es nur zu gern, wenn man ihre körperlichen Vorzüge preist. Warum schämen sich Juno und Athene immer noch? Weil sie es nicht verwunden haben, im Schönheitswettbewerb mit Aphrodite beim Paris-Urteil unterlegen zu sein! Und wo selbst Göttinnen kräftig übelnehmen und schmollen, wenn ihnen der Ruhm ihrer Schönheit versagt bleibt, da darf man sich über die Eitelkeit ihrer sterblichen Geschlechtsgenossinnen keine Illusionen machen.[6]
Für gekonnte Komplimente – *fides*, Glaubwürdigkeit, ist dabei freilich das A und O[7] – gibt es gleich zwei Belohnungen. Die eine unmittelbar: Die Frau, die gerühmt wird, erscheint auch rühmenswert und tut alles, um ihre Vorzüge zur Geltung zu bringen – so wie der Pfau dann seine Pracht zur Schau stellt, wenn man ihn bewundert.[8] »Wie Edelsteine breitet er dann seine glänzen-

den Farben aus«, schildert ein römischer Naturforscher dieses
Phänomen, »und zwar meist gegen die Sonne, weil sie so noch
mehr erstrahlen«[9].

Die zweite Belohnung stellt sich erst allmählich ein, ist dafür
aber um so effizienter, was das Ziel der Schmeichelei angeht:
Komplimente wirken wie eine schleichende Droge; ganz insgeheim nehmen sie das Mädchen für den werbenden Liebhaber
ein, so wie ein fließendes Wasser ein überhängendes Ufer im
Laufe der Zeit unterspült. Der Preis der Geliebten führt also
nicht zum unmittelbaren Erfolg, sondern ist auf Ausdauer und
ständige Wiederholung hin angelegt – ein Prozeß, an dessen
Ende dann das *deprehendere animum*, das »Fangen ihres Herzens«, steht.[10]

Auch wenn eine Partnerschaft etabliert ist, sind Komplimente
beileibe nicht überflüssig. Es gehört auf seiten des Mannes zur
»Pflege« des Liebesverhältnisses, dem Mädchen zu versichern,

wie attraktiv es sei, wie begehrenswert und anmutig. Ein Stoffel, der es nicht über sich bringt, die Frau seines Herzens so mit Schmeicheleien zu verwöhnen! Da muß nicht alles wirklich so intensiv empfunden sein, wie man es in Worte faßt. Hauptsache, man enttäuscht die Dame nicht: »Lasse sie denken, du seist von ihrer Schönheit entzückt!«[11]

Lobe ihre Kleidung!, fährt Ovid fort; egal, ob sie einen auffälligen Purpurmantel trägt oder mit durchsichtigen koischen Gewändern reizt. Auch dicke, flauschige Stoffe stehen ihr und ebenso golddurchwirkte Kleidung – es ist nie verkehrt, ein rühmendes Wort darüber zu verlieren. Erst recht nicht, wenn sie nur mit einer spärlichen Tunica bekleidet ist: »Du setzt mich in Flammen!« sollte die spontane Reaktion des Mannes auf diese figurbetonte »Variante« sein, die viel nackte Haut frei läßt. Mit dem erotischen Kompliment gehe aber zugleich der besorgte Gedanke einher, daß sie sich nicht so erkälten möge.[12]

Anlaß zum Lob können neben einer neuen Frisur auch die tänzerischen und gesanglichen Fähigkeiten der Geliebten sein (»schade, daß du schon aufgehört hast!«). Und auch an die gemeinsam genossenen Freuden der Nacht darf man getrost mit anerkennenden Worten erinnern…[13]

Vom Vorteil, Nachteile schön zu reden

Nun war und ist nicht jede Frau eine Venus. Und das wirft ein delikates Problem in Sachen Schmeichelei auf: Wie geht man mit Eigenschaften um, die, vorsichtig ausgedrückt, nicht gerade dem Schönheitsideal entsprechen? Auf keinen Fall dem Mädchen gegenüber diese »Fehler« ansprechen!, warnt Ovid, oder sie ihm sogar vorwerfen! Solche Ungehobeltheiten passen nicht zu einem weltläufigen Galan, und sie setzen auch die Stabilität einer Partnerschaft aufs Spiel.

Schon gar nicht darf man sich sein »Befremden« zu Anfang

einer Beziehung anmerken lassen – auch wenn einem gerade dann noch das nicht so Makellose besonders auffallen mag. Der Faktor Zeit wird hier einiges abmildern: Man wird sich schlicht an diese kleinen »Abweichungen« von der Norm gewöhnen und sie dann kaum noch registrieren. Außerdem steht es jedem frei, sie auf seine Weise zu interpretieren. Vieles ist nur eine Frage der Semantik: ein Mädchen von pechschwarzer Hautfarbe kann man durchaus als »braun« bezeichnen; das Schielen einer anderen vergleicht man mit dem berühmten »wäßrigen« Silberblick ὑγρόν der Venus; eine Magersüchtige läßt sich mühelos als »schlank« und eine ordentlich Dicke als »vollschlank« bezeichnen. Mit solch einer einfachen Umwertung, bei der der Fehler in die Nähe des jeweils benachbarten Vorzugs gerückt wird, können beide gut leben, der Liebhaber ebenso wie die Geliebte.[14]

Völlig deplaciert ist es natürlich, eine Dame nach ihrem Alter zu fragen – erst recht, wenn sie ganz offensichtlich nicht mehr in jugendlicher Blüte steht und sich ab und zu schon ein paar graue Haare ausrupft. Der einzige, der ein Recht hat, sie zu fragen, unter welchem Konsul sie geboren sei, ist der gestrenge Herr Zensor. Das gehört zu *seinen* Amtspflichten – so wie es zur Minnepflicht eines urbanen Liebhabers gehört, eben *nicht* danach zu fragen.[15]

Im übrigen sollte eigentlich schon die sprichwörtliche Blindheit des Verliebten dafür sorgen, daß er gewisse »Fehler« am »Objekt« seiner Begierde gar nicht erst als solche wahrnimmt. Daß Verehrer blind seien selbst für auffällige »Normabweichungen« ihrer Liebsten, zählt Horaz zu den liebenswerten Eigenschaften dieser Spezies Mensch. Und regt an, dies zum Vorbild auch im sonstigen Umgang mit unseren Mitmenschen zu nehmen: Das soziale Miteinander werde so viel leichter, wenn wir einem gewissen Balbinus tendenziell nacheiferten: Der hat am Nasenpolypen seiner Hagna offenbar noch seine helle Freude …[16]

❖

Aus »häßlich« mach »schön« –

oder: Von Amor mit Blindheit geschlagen

»Denn so machen's die Leute zumeist, wenn die Liebe sie blind

macht,

Daß sie den Lieblingen Reize, die gar nicht vorhanden sind, leihen.«

Und die armen Kerle sehen oft gar nicht die eigenen großen Übel:

»Ist sie schwarz, dann heißt sie ›brünett‹ und die schmutzige

›einfach‹,

Die grauäugige ›Pallas‹, ›Gazelle‹ die knochige, trockne;

Ist sie von zwerghaftem Wuchs, heißt ›zierlich‹ sie, ›eine der

Grazien‹,

Aber ein Riesenweib hat ›majestätische Würde‹,

Redet sie stammelnd, so ›lispelt sie süß‹, die Stumme ist

›schüchtern‹,

Ist sie heftig, gehässig und schwatzhaft, nennt man sie ›feurig‹,

›Zart ist das liebe Geschöpf‹, das vor Magerkeit kaum mehr kann

leben,

›Schlank gewachsen‹ ist jene, die fast schon am Husten gestorben,

›Ceres, Jakchos nährend‹ ist eine von vollerem Busen,

›Satyra‹ heißt Stumpfnase, und ›Küßchen‹, die wulstigen Mund hat.«

Lukrez, Von der Natur IV 1153f.; 1160–69

❖

Fundgrube für Komplimente: Die römische Liebeselegie

Wer über Ovids Hinweise hinaus konkrete Anregungen brauchte
(oder braucht), wie man der Dame seines Herzens mit eingängigen Komplimenten den Hof macht, der fand (und findet) in
den Liebesgedichten eines Catull und Properz, eines Tibull und

in Ovids *Amores* eine Fülle konkreten Materials. Ein Großteil der lateinischen Liebespoesie ist werbende Dichtung, und entsprechend großen Raum nehmen jene »schmeichelnden Worte« ein, die der Werbungsstrategie »Komplimente« zuzurechnen sind.

Als Beispiel sei die dritte Elegie aus Buch 2 des Properz herausgegriffen, ein fast hymnischer Preis der Geliebten. Die körperlichen Reize Cynthias werden geschickt in der Form der *praeteritio,* der scheinbaren Auslassung, aufgezählt: Der schneeweiße Teint des Mädchens, in den sich auf den Wangen ein Hauch von Rosa mischt, ihr zarter Hals und die verführerisch um ihn gekräuselten Locken, die Augen, zwei sternengleiche Fackeln – nein, all das sei es nicht, das ihn so gefangennehme (und natürlich besagt die poetisch anschaulich ausgestaltete Aufzählung das genaue Gegenteil). Wohl aber, wie schön sie tanze, wie anmutig sie singe und Leier spiele – himmlische Gaben, die Götter verliehen haben müßten, »so etwas ist nicht die Gabe einer menschlichen Geburt: Zehn Monate schufen nicht diese Vorzüge«. Jetzt endlich begreife er, ruft Properz aus, wieso sich Europa und Asien im Trojanischen Krieg um eine Frau gestritten hätten – sei doch seine Cynthia eine zweite Helena, deren Schönheit es wert sei, »daß ein Achill für sie fiel«. Und wenn ein Maler die alten Meister übertreffen wolle, dann sei das ein Leichtes: vorausgesetzt, Cynthia stehe ihm Modell.

Im ganzen ein Ruhmesgesang auf die geliebte Frau, wie ihn Catull bei den Römern mit seinen Hymnen auf die *puella divina,* das «göttliche Mädchen«, vorbildhaft für die ihm nachfolgenden Liebesdichter begründet hatte. Eine Erscheinung, deren Glanz und Ausstrahlung Properz in den enthusiastischen Ausruf ausbrechen läßt: »Du allein bist den Römerinnen zum Ruhm geboren; als erste Römerin wirst du dich zu Iuppiter legen!«[17]

Vom »göttlichen Mädchen« bis zum »Fischlein« –
Lateinische Kosenamen

Nun bot sich das, was die elegischen Dichter an Komplimenten gegenüber ihren »göttlichen Mädchen« formulierten, gewiß nicht als literarischer Steinbruch für Normal-Liebhaber auf ihrer Suche nach passenden Schmeicheleien an. Wenn da der Mund eines eher nüchternen, pragmatischen Römers auf einmal süßeste Liebespoesie verströmte, tat sich schnell eine Glaubwürdigkeitskluft auf. So galt auch für mündlich gemachte Komplimente die von Ovid für Liebesbriefe aufgestellte Faustregel, daß eine dem jeweiligen Sprach- und Bildungsniveau des Liebhabers entsprechende Ausdrucksweise am glaubwürdigsten sei. Was der Durchschnittsrömer aber sozusagen für den Hausgebrauch bei den Elegikern lernen konnte, war die Mentalität, sich überhaupt in einer galanten, zärtlich werbenden Sprache an seine Geliebte zu wenden. In neudeutschem Psycho-Jargon formuliert: sich auch in sprachlicher Hinsicht emotional in die Beziehung einzubringen. Das erforderte durchaus Mut in einer Gesellschaft, die der würdevollen *gravitas* als Leitvorstellung verpflichtet war und in der es als wenig schicklich galt, zumal in irgendeiner öffentlichen Form, Emotionen zu zeigen. Die elegische Generation hat hier – auch als Protest gegenüber der Verlogenheit des vielfach nur noch propagierten, aber nicht mehr gelebten traditionellen Wertekanons – Flagge gezeigt und gewissermaßen das Eis gebrochen.

Wenn einige Literaten und ihre Anhänger sich nunmehr öffentlich zu ihrem Gefühlsleben bekannten und es in dichterischer Formung vor dem römischen Publikum ausbreiteten, dann mußte das auch den einfachen Mann ermutigen, sich zu seiner Leidenschaft zu bekennen. Und den Frauen in anderer Weise entgegenzutreten: sie nicht nur als Objekte seines Sexualtriebs anzusehen, sondern sich auch mit ihren Vorzügen und Talenten zu beschäftigen – und sie in Form von Komplimenten und anderen verbalen Zärtlichkeiten auch daran teilhaben zu lassen. Da brauchte er nicht gleich zum großen Wort von der *puella divina* zu greifen; ein zärtlicher Kosename wie »Täubchen« oder »Fischlein« tat's auch schon.

❖

Wenn Wände flirten: Kosenamen in lateinischen Graffiti

pupa	meine Puppe
pupula	Püppchen
anima dulcis	süße Seele
lumen	mein Augenstern
dulcissima	Süßeste
domna, domina	Herrin
regina Pompeianorum	Königin der Pompejaner
Venus	meine Venus
piscilla	Fischlein
Fonticulus Pisciculo salutem	Quellchen grüßt sein Fischchen
puellarum delirius	Schwarm aller Mädchen

Corpus Inscriptionum Latinarum (CIL) IV 6842, 5296, 4485, 2313h,
1970, 8177, 8364; 2413h, 1625, 5094, 4447, 9146

❖

Si quis non vidi(t) Venerem, quam pin(xit Apelles),
   pupa(m) mea(m) aspiciat: talis et i(lla nitet).   6842; Distichon
Wenn einer die Venus noch nicht gesehen hat, die Apelles*
gemalt hat,
so sehe er meine Puppe an: So erstrahlt auch sie.

* der berühmteste Maler des Altertums, ein Zeitgenosse Alexanders des Großen

Auf welchem Niveau von Komplimenten sich der einzelne auch bewegen mochte, *ein* Grundsatz war für alle gültig: Nach Möglichkeit sollte man sich davor hüten, die – tatsächlichen oder vermeintlichen – Vorzüge des Mädchens anderen mitzuteilen. Die Konkurrenz schlief nicht und wurde sehr hellhörig, wenn interessant Klingendes an ihre Ohren gelangte. Ovid wußte, wovon er sprach: Mit vielen anderen, fürchtet sein lyrisches Ich, müsse er seine Geliebte teilen – weil er ihre Schönheit öffentlich gepriesen und damit die Begehrlichkeit anderer geweckt habe.[18]

Oder verbirgt sich hinter diesen Selbstvorwürfen eine besonders subtile Werbe-Taktik des Dichters, seiner Corinna gerade durch die Klage über die Wirkung seiner öffentlichen Komplimente zu imponieren? Denn daß sich die Dame geschmeichelt fühlte, weil er ihren Ruhm auf dem offenen »Markt« mehrte, das war sicher: Für Komplimente ist jede Frau empfänglich, weiß Ovid. Denn jede hält sich für liebenswert, auch noch die häßlichste. Deswegen führt die Strategie der Schmeichelei, wenn man nicht allzu dick aufträgt, sehr leicht zum Ziel: Wer seine Geliebte preist, hat keine Mühe, »glaubhaft zu sein«.[19]

Vom Reiz der männlichen Erscheinung –
Wie präsentiert sich der Liebhaber?

Erfolgreiche Werbung erschöpft sich nicht in blumiger Werbepoesie. Sie setzt auch eine ansprechende Präsentation des »Produkts« voraus. Konkret gesprochen: Wie stellte sich der Liebhaber selbst dar? Wie brachte er seine Vorzüge zur Geltung? Dabei kam (und kommt) dem äußeren Erscheinungsbild große Bedeutung zu. Grund genug für Ovid, seinen Schülern auch in diesem Punkte mit effizienten Ratschlägen zur Seite zu stehen – soweit Verallgemeinerungen in Geschmacksfragen möglich sind. Denn so wie »ein Mädchenherz nicht ist wie das andere«[20], gab es natürlich auch eine große Vielfalt an Typ-Präferenzen.

Gleichwohl, einige Grundsätze ließen sich schon aufstellen. Vor allem, was Körperpflege und Hygiene anging: Der Typ des sportiven, leicht gebräunten Mannes erfreute sich wohl allgemeiner Beliebtheit. Daher Ovids Rat, sich den Körper beim Sport auf dem Marsfeld bräunen zu lassen.[21] Wie sehr das zumal in den höheren Schichten zu den gesellschaftlich anerkannten Spielregeln gehörte (und damit auch den Geschmack der Frauen prägte), zeigt die auffällige Übereinstimmung mit Ciceros Auffassung. »Die Würde der Schönheit aber ist durch die Gesundheit der Hautfarbe zu schützen, die Farbe durch körperliche Übungen«, stellt Cicero in seiner philosophischen Abhandlung »Über die Pflichten« fest.[22]

Und noch in einem weiteren Punkt sind sich der Liebeslehrer und der Philosophiehistoriker überraschend einig: Sauberkeit muß für den attraktiven römischen *gentleman* eine Selbstverständlichkeit sein. Flecken auf der Kleidung? Unmöglich! Eine schiefsitzende, lässig angelegte Toga (was angesichts des komplizierten, zeitaufwendigen Anlegens des römischen »Staatskleides« nahelag)? Ein erheblicher Mangel im äußeren Erscheinungsbild! Schuhe, in denen der Fuß »schlotternd in zu weitem Leder schwimmt«? Eine Beleidigung für die Augen der Passanten und alles andere als eine gute Empfehlung bei etwas anspruchsvolleren Mädchen![23]

In der feineren Gesellschaft gebe es drei »Königswege«, um sich lächerlich zu machen, ergänzt Horaz: Wenn der Faltenwurf der Toga zu wünschen übriglasse, das Haar nicht modisch geschnitten sei und der Schuh um den Fuß herum baumele – so mochten Bauerntrampel auf dem Lande umherlaufen, aber doch nicht einigermaßen weltläufige Römer![24]

Kein Wunder, wenn auch Ovid mahnt, Haar und Bart von kundiger Hand schneiden zu lassen und keinen schlichten »Stoppelschnitt« zu tragen.[25] Die »Haarpflege« erstreckt sich auch auf andere Körperpartien. Zum einen auf die Nase: aufpassen, daß kein Haar aus den Nasenlöchern hervorsteht!, empfiehlt er dem auf sein Äußeres bedachten Mann. Und bei den Achselhaaren durch regelmäßige Hygiene darauf achten, daß von dort aus nicht »der Bock, welchem die Herde gehorcht«, die Nasen beleidigt![26] Ebenso gehören saubere und ordentlich geschnittene Fingernägel zum gepflegten Äußeren. Solche Manikür-Dienstleistungen konnte man vom Barbier miterledigen lassen.[27]

Vorsicht: Hübscher Mann!

Wer sich indes zu intensiv um seine Haare kümmerte, war Ovid suspekt: Die Brennschere, mit der man sich Locken drehte, gehörte einzig in die Hand von Frauen, und auch die Entfernung der Schenkelbehaarung mittels Bimssteinen war eine unmännliche Praxis, die homosexuellen Männern vorbehalten bleiben sollte.[28]

Jedwede effeminierte Schönheitspflege lehnt Ovid strikt ab. Vor Schönlingen, die ihre ständige Körperpflege eitel herausstreichen und sich »kunstvoll die Haare frisieren«, warnt er die Frauen ausdrücklich: Das seien Männer, die schon tausend Mädchen ihre Liebe gestanden hätten. Und außerdem: »Was macht die Frau, wenn der Mann vielleicht eine glattere Haut hat, / wenn er imstande ist, mehr Männer zu haben als sie?«[29] Nein, solch tuntenhafte Attitüde eines *homo bellus,* eines »hübschen Mannes«, ist unserem Liebeslehrer zutiefst zuwider. Wahre Männlichkeit läßt sich auf die kurze Formel der *forma neglecta* bringen: »Nachlässige Schönheit«, die zwar Sauberkeit, Hygiene, guten Körper- und Mundgeruch sowie eine gewisse urbane Eleganz umfaßt, nicht aber unablässige, übertriebene Körperpflege. Schließlich sei Adonis, der Inbegriff männlicher Schönheit und Liebling der Venus, ein »Waldmensch« gewesen, der seinen Lebensunterhalt mit der Jagd verdiente…[30]

❖

Cotilus, ein homo bellus –
oder: Wie man sich als Liebhaber disqualifiziert
»Cotilus, bist ein ›schöner Mann!‹ Ja! So, Cotilus, heißt es.
Und ich hör's. Doch was ist, sag mir, ein ›schöner Mann‹ denn?
›Nun, ein ›schöner Mann‹ ist, wer das Haar sich ordnet in Locken,
wer nach Balsam stets, immer auch duftet nach Zimt,
wer die Lieder vom Nil, wer die von Gades sich vorsummt,
wer den enthaarten Arm tänzerisch immer bewegt,
wer den ganzen Tag inmitten der Sessel der Weiber
müßig verbringt und stets einer dort flüstert ins Ohr…«

Martial III 63, 1–8

❖

»Schön war Odysseus nicht, aber beredt« –
Auch Bildung kann betören

Es spricht nichts dagegen, wenn der von Natur aus attraktive Mann seine Reize gegenüber der Damenwelt bewußt einsetzt. Wem die Natur ein schönes Gesicht gegeben hat, der darf sich natürlich »anschauen und bewundern lassen«. Und wer eine schöne Hautfarbe hat, der soll beim Gastmahl ruhig mit entblößter Schulter daliegen. Mit seinen Pfunden zu wuchern ist nicht verpönt – vorausgesetzt, man schätzt seine natürlichen Gaben realistisch ein...[31]

Freilich: Die körperliche *forma* ist ein sehr vergängliches Gut. Wer heute noch in der Blüte männlicher Schönheit steht, dem werden morgen schon graue Haare wachsen. Runzeln werden ihm den Leib regelrecht durchfurchen, und er wird verlassen dastehen wie der dornige Rosenstock, der seine Knospen und Blüten verloren hat.[32]

Zur erfolgreichen Selbst-Präsentation in Sachen Liebeswerbung gehört es deshalb, sich nicht nur auf seine kurzlebigen körperlichen Vorzüge zu verlassen, sondern sie durch Geistesgaben zu ergänzen. Wer langfristig bei Frauen Erfolg haben will, muß über einen bestimmten Fundus an Bildung verfügen. Dazu zählt eine gute Beherrschung nicht nur des Lateinischen, sondern auch des Griechischen, d.h., man sollte sich auch in den Hauptwerken der Literatur einigermaßen auskennen. Kenntnisse auf weiteren, eines freien Menschen würdigen Wissensgebieten, den *artes ingenuae*[33], sind wünschenswert: Wer in Rhetorik und Philosophie, Musik und Astronomie, Mathematik und Rechtswesen etwas Bescheid weiß, wer kompetent über Geschichte und Staatsverwaltung mitreden kann, der imponiert den Damen und verbessert seine Chancen, sich ihnen auch über das Jünglingsalter hinaus mit persönlichen Vorzügen empfehlen zu können. Auch wer vielleicht nicht so viel Wissen hatte, aber doch durch rhetorisches Geschick und Redegewandtheit glänzte, konnte durchaus zum Schwarm mancher Damen werden. Schlagender Beweis aus der Mythologie: Odysseus. »Schön war Odysseus nicht«, weiß Ovid, »aber redegewandt« – und das sicherte ihm die leidenschaftliche und durchaus anhängliche Liebe sogar von Göttinnen. Wenn er vom Fall Trojas erzählte und Mauern, Lager, Zelte und Schlachtfelder mit einem Stöckchen auf dem Sandstrand skizzierte, dann hing die schöne Kalypso schmachtend an seinen Lippen...[34]

Apropos Odysseus. Der bot sich als Vorbild auch für Werbungsstrategien etwas anderer Art an. So wie sich der »listenreiche« Held schon mal mit Flunkereien und Täuschungsmanövern durch sein aufregendes Leben schlug, gehörten List und Verstellung auch zum unentbehrlichen Handwerkszeug des werbenden Liebhabers. Bei der Eroberung gut gesicherter Festungen konnte man schließlich nicht nur mit offenem Visier kämpfen, sondern mußte hier und da versuchen, sie förmlich zu unterminieren. Liebe war Kriegsdienst. Dieses Credo der elegischen Generation durfte dem Liebhaber nicht immer nur Mühsal und Einschränkungen auferlegen,[35] es mußte ihm gelegentlich auch den einen

oder anderen Vorteil auf dem erotischen Kampfplatz einbrin-
gen.

Schwören leicht gemacht – Zur Geschichte des Liebesschwurs

Was für den Liebesbrief gilt,[36] gilt auch für mündlich gegebene
Versprechen: nur keine Skrupel, etwas zu versprechen, was die
Dame gern hört! – *trahunt promissa puellas,* sagt der Frauenken-
ner Ovid, »Versprechungen ziehen bei den Mädchen«[37]. Und
auch keine Angst, die Götter dabei als Zeugen anzurufen! Der
Liebesschwur ist der einzige, den man ungestraft brechen kann:
»Jupiter lacht über falsche Schwüre Verliebter von oben, / läßt
von den Südwinden sie wirkungslos tragen dahin.«[38]
Ungeheuerlich!, mag es manch einem durch den Kopf gehen.
Der Höhepunkt ovidischer Frivolität, die selbst vor zynischer
Gotteslästerung nicht haltmacht! – Gemach, gemach! Vor vor-
schneller Verurteilung unseres Liebeslehrers ist zu warnen. Und
bei genauerer Prüfung endet die strenge Untersuchung sogar mit
einem Freispruch. Ovid formuliert nämlich nur etwas, das in der
gesamten Alten Welt akzeptiert war: Man war überzeugt, daß die
Schwüre – und Meineide – von Liebenden gar nicht erst ans Ohr
der Götter drangen;[39] Wind und Meer trugen sie ungehört von
dannen, und ihre Urheber brauchten deshalb nicht zu fürchten,
daß sie irgendwann zu ihnen zurückkehrten. Das Privileg des
aphrodisischen Eides *(Aphrodisios horkos)* bestand anerkannter-
maßen im Fehlen einer Sanktion. Diese Überzeugung bestätigt
schon Platon (»ein Liebesschwur ist keiner«[40]), und der Mimen-
dichter Publilius Syrus hat es auf die quasi-sprichwörtliche
Kurzformel gebracht: *amantis iusiurandum poenam non habet*
(»der Schwur eines Verliebten hat keine Strafe«[41]). Daß sich die
Liebesdichter auf diese alte Tradition berufen, ist nur zu natürlich – auch wenn sie selbst mitunter durchaus die »Opfer«
waren, da den Frauen natürlich das gleiche »Recht« zustand.[42]

❖

Lovers' perjuries – Shakespeare in der antiken Tradition

And I will take thy word; yet, if thou swear'st,
Thou mayst prove false; at lovers' perjuries
They say Jove laughs.

»Ich nehme dich beim Wort; doch, wenn du schwörst,
könntest du dich als falsch erweisen; über Schwüre von Liebenden,
sagt man, lacht Jupiter.«

Shakespeare, Romeo und Julia II 2

❖

Wie war es möglich, daß das Altertum den »aphrodisischen Eid«
so auf die leichte Schulter nahm? Die mythologische Erklärung
dafür ist denkbar einfach – und Ovid beeilt sich, sie als Rechtfer-
tigung an seine Leser weiterzugeben. Es war das schlechte Gewissen des alten Schwerenöters Jupiter, das bei dieser Tradition
Pate gestanden hatte. Denn der hatte sich, von seiner Gattin Juno
gestellt und in die Enge getrieben, bei (mindestens) einem seiner
Liebesabenteuer nicht mehr anders zu helfen gewußt, als bei der
Unterwelt zu schwören, er habe das Mädchen nicht angefaßt.
Und fair und verständnisvoll, wie er als leicht zu Entflammender
nun einmal war, bestimmte er daraufhin, daß auch die Liebes-
schwüre der Sterblichen straflos blieben.[43] Oder, wie Ovid es
ironisch formuliert: »Er ist jetzt seinem eigenen Vorbild selbst
gewogen« *(exemplo nunc favet ipse suo)*[44].

Rational betrachtet, spiegelt sich im Mythos eine ganz allgemeine menschliche Erfahrung und ihre verständnisvolle »Aufar-
beitung«: Daß Liebenden Superlative und Beteuerungen »ganz
am Rande der Lippen sitzen«[45], ist keine auf die Antike be-
schränkte Erkenntnis. Und ebensowenig die Einsicht, daß leidenschaftliche Liebe Rationalität und Zurechnungsfähigkeit
nicht gerade zu steigern pflegt. Die beliebte lateinische Parono-
masie *amantes amentes*[46] (»Liebende sind ohne Verstand«)

bringt das ebenso auf den Punkt wie das deutsche »Minne verkehrt die Sinne«.

Sollte den, der in solch einem Ausnahmezustand die Götter zu
Zeugen anrief, die volle Strafe für einen – eventuellen – Meineid
treffen? Nein, entschied die Antike und strich den »aphrodisischen Eid« sozusagen von der Liste der Straftaten. Eine Position,
für die auch Platon wegen ihrer biologischen Fundierung Verständnis hatte: »In den Lüsten des Geschlechtstriebs ... erhält
sogar der Meineid die Vergebung der Götter, weil die Lüste wie
Kinder auch nicht die geringste Vernunft haben.«[47]
»Ablaßfähig« war offenbar selbst der vorsätzliche Liebes-Mein-
eid. Jedenfalls gehörte Ovid zu den energischen Verfechtern dieser Interpretation. Kein Grund also, auf windige Versprechen
und leichtfertige Schwüre bei der Werbung um die angebetete
Dame zu verzichten! Und im übrigen weiß sich die »Gegenseite«
dieses Instruments mindestens genauso virtuos zu bedienen. Ist
es die Bitterkeit über einschlägige schlechte Erfahrungen, die er
selbst erlitten hat, oder das didaktische Anliegen, den etwas
weniger Forschen unter seinen Lesern die letzte Scheu vor diesem »legitimen« Mittel zu nehmen? Jedenfalls dekretiert unser
Liebeslehrer mit ungewohnter Unerbittlichkeit und Schärfe:
»Wenn ihr Verstand habt, betrügt nur[48] die Mädchen – das bleibt
ohne Strafe. / Redlichkeit bringt hier allein größere Schmach als
Betrug. / Täuscht die, die selber euch täuschen! ... / Laßt in die
Schlingen, die sie selber euch legten, sie gehn!«[49]

Falsche Tränen, echter Liebeskummer – Die Mitleid-Strategie

Eine mildere Form der Täuschung ist im Sinne der von Ovid vertretenen »Erfolgsethik« ebenfalls erlaubt: falsche Tränen. Das
echte Weinen ist für den Elegiker eh kein Problem: Gefühle zu
zeigen und sich zu seinen Tränen zu bekennen, gilt ihm keineswegs als unmännlich. Da man nun in der Liebeswerbung die

Erfahrung macht, daß »Tränen nützen und du selbst Stahl durch Tränen erweichen kannst«[50], liegt es nahe, sie auch als »Instrument« ganz gezielt einzusetzen. Was tut man, wenn sich eine passende Situation ergibt, sich aber einfach keine Tränen einstellen wollen? Man macht sich eine Hand mit Wasser naß und befeuchtet damit die Augen – so im Falle der Überlieferungsvariante *uda manu* (»mit befeuchteter Hand«) –, oder man hofft auf die Reizwirkung des Salböls, das an den Fingern haftet, auf die Augen – so, wenn man die Variante *uncta manu* (»mit der gesalbten Hand«) vorzieht.[51] Beides ist möglich, von der Textkritik wie von der Sache her: Hauptsache, die künstlich erzeugten Tränen wirken echt – wobei das Patent auf diese erotische Finte keineswegs bei Ovid lag.[52]

Der Mitleidseffekt, der von Tränen ausgeht, läßt sich durch schlechtes Aussehen steigern. So wünschenswert es im Normalfall ist, eine gute Figur zu machen, vital und frisch zu wirken, so hilfreich kann in hartnäckigen Fällen auch der Wechsel zur Mitleid-Strategie sein. Vor allem dann, wenn der Verliebte lange Zeit unerhört bleibt und tatsächlich an Liebeskummer leidet. Dann braucht er die Blässe seiner Haut, die von langen schlaflosen Nächten umschatteten Augen und den abgemagerten Körper nicht durch Make-up und andere Kunstgriffe zu verstecken. Im Gegenteil: Die Frau soll die Symptome des Liebeskummers ruhig bemerken. Sie zeigen ihr, wie ernst es der Mann mit seiner Werbung meint und zu welch elendem Geschöpf er herabgesunken ist: eine bejammernswerte Gestalt, derer sich auch die hartherzigste Dame am Ende erbarmen muß![53]

Eine Strategie, die schockt – Draufgängertum bis zum
plötzlichen »Liebesraub«

Eine letzte Form der Werbung ist das genaue Gegenteil der Mitleid-Strategie: Das Draufgängertum. In bestimmten Situationen seien Schüchternheit und Zurückhaltung ganz fehl am Platze, meint Ovid, ja geradezu dumm und so tölpelhaft, wie sich sonst nur die Trottel vom Lande anstellten. *rusticitas*, »bäurische Art«[54] – das ist eine Mischung aus Einfalt, Plumpheit, Mangel an Galanterie und erotischer Raffinesse, aber auch Verzicht auf die Wahrnehmung guter amouröser Chancen, die hin und wieder auch Pfiffigkeit, List und Tricks erfordert; mit dem Konzept eines urbanen, augenzwinkernden, frivolen, heiteren und sozusagen technisch versierten erotischen *cultus* nicht vergleichbar.

Der forsche Liebhaber wird sich daher, wenn er die Lage entsprechend einschätzt – Konkreteres läßt sich Ovid hier leider nicht entlocken – nicht mit Schmeicheleien und verbalen Liebkosungen begnügen. Er wird vielmehr seinen Sturmangriff auf die Festung Frau auch mit Küssen begleiten.

Und wenn sich die Dame gegen diese Zudringlichkeiten wehrt? Wenn sie ihn als unverschämten Kerl beschimpft? Dann nimmt sich der feurige Liebhaber einfach das, was ihm verwehrt wird. Widerstand der Frau gehört zum Rollenspiel bei der Liebe: »Sie will im Kampf besiegt werden.«[55]

Es läßt sich nicht leugnen: Ovid stellt sich hier an den Anfang einer unrühmlichen Tradition, die sexuelle Gewalt als augenzwinkernde Uminterpretation des Nein der Frau als insgeheimes Ja verharmlost. Er geht sogar noch einen Schritt weiter, indem er den Draufgänger anspornt, auf dem einmal beschrittenen Weg konsequent weiterzugehen. Sich mit Küssen zufriedenzugeben, heißt kurz vor dem Ziel aufzugeben. »Magst du Gewalt es auch nennen, willkommen ist diese den Mädchen«, ermutigt er zum »plötzlichen Liebesraub«. Ihren »offiziellen« Abwehrversuchen zum Trotz freue sich die Frau in ihrem Innersten, wenn sie auf diese Weise zur Lust genötigt werde: ein Geschenk, das als dreister Übergriff getarnt daherkomme.[56]

»Bewiesen« wird diese abenteuerliche Eroberungslogik mit Beispielen aus der Mythologie, in denen Frauen auch zu ihrem Glück gezwungen wurden und ihrem Vergewaltiger danach so dankbar waren, daß sie ihn nicht mehr missen wollten.[57]

Ovid im Zwielicht

Entlarvt sich Ovid mit diesen Versen als Frauenfeind? Verspielt er hier auf einen Schlag den Kredit, den er sich als Lehrer geduldiger, liebevoller und für den Mann z. T. leidvoller Liebeswerbung aufgebaut hat? Kommt hier die häßliche Fratze antiken männlichen Chauvinismus und *machismo* zum Vorschein, die er sonst hinter der heiteren, verständnisvollen Fassade des den Frauen durchaus gewogenen, »aufgeklärten« Bonvivant tarnt?

Fast scheint es, als müßte man diese Fragen im Zeitalter der *political correctness* mit einem klaren Ja beantworten, will man nicht in den Ruf geraten, »Vergewaltigungspoesie« hoffähig zu machen. Tatsächlich hat sich Ovid mit dieser Passage den ganzen Zorn feministischer Literaturwissenschaft zugezogen, die z. T. ernsthaft die Frage diskutiert, ob man einen solchen Autor heutzutage noch in Schulen, Colleges und Universitäten behandeln dürfe. Wohlgemerkt: Nicht den in Rede stehenden Passus, sondern das gesamte Œuvre dieses Literaten, der sich hier jedenfalls tendenziell als *male chauvinist pig* diskreditiert habe.[58]

Kein Zweifel, die Passage irritiert, und es fällt mit heutigem Bewußtsein schwer, sie ohne Empörung hinzunehmen. Trotzdem erscheint es angebracht, ihr mit größerer Fairneß zu begegnen, als es mitunter in verständlicher Erregung geschieht. Das heißt vor allem: sie nicht von ihrem Kontext zu isolieren, indem man einzelne Wendungen herausnimmt, die, für sich betrachtet, in der Tat von unerträglicher männlicher Arroganz und Schlimmerem zeugen.

Gewalt, Zärtlichkeit, Erfüllung –
Antike und moderne Konzepte im Widerstreit

Es gibt einen engeren und einen weiteren Kontext. Der enge läßt erkennen, daß Ovid keiner brutalen Vergewaltigung das Wort redet. Schon bei den geraubten Küssen fordert er den Liebhaber auf, ja darauf zu achten, daß »die Küsse, die unsanft du raubtest, den zarten / Lippen nicht schaden, daß sie nicht deren Grobheit beklagt«[59]. Auch zielt die darüber hinausgehende Gewalt nicht vorrangig auf die männliche Triebbefriedigung ab, sondern sie hat ebenso den sexuellen Genuß der Frau zum Ziel: Der Übergriff als solcher vollzieht sich zwar gegen ihren erklärten Willen *(invitae)*, aber im Ergebnis verursacht er ihr Genuß *(grata est; iuvat; gaudet)*.

Von einem primitiv-animalischen Ausleben des männlichen Geschlechtstriebs ohne Rücksicht auf das Opfer ist also nicht die Rede, vielmehr von einem Vorgang, den man ohne Ironie als »Zwangsbeglückung« bezeichnen könnte. Aus heutiger Sicht gewiß ein eklatanter Verstoß gegen das Recht auf sexuelle Selbstbestimmung der Frau. Fraglich ist indes, ob man mit diesem modernen Konzept die römische Wirklichkeit zu erfassen vermag, in der es die Vorstellung ja so nicht gegeben hat. Statt dessen gab es eine Verhaltensnorm, die der Frau, wir haben es zu Beginn des Kapitels gesehen, die Rolle der Zögernden, Abwartenden und Abwehrenden zuwies.

Es ist nun sehr wahrscheinlich, daß Ovid bei der Strategie des Draufgängertums eine Situation vorschwebt, in der die Partner einander schon durch allerlei erotische Signale ihre Zuneigung bekundet haben. Dabei mochte sich die eine Dame dem allgemeinen Verhaltenskodex stärker verpflichtet fühlen als die andere. Je intensiver sie ihre Rolle internalisiert hatte, um so schwerer fiel es ihr, sich vom Druck der gesellschaftlichen Erwartungen zu befreien – und um so stärker fiel ihre Gegenwehr aus.

Diese Erklärung verharmlost das Problem nicht an sich, verlagert die Verantwortung für die empfohlene Gewaltanwendung aber vom Dichter auf die Gesellschaft. Ein Rest an Unsicherheit bleibt freilich, weil Ovid die Situation, in der schamvolle Zurückhaltung angeblich zu bäuerlicher Tölpelhaftigkeit *(rusticitas)* verkäme, so wenig präzise beschreibt.

Der weitere Kontext spricht allerdings ebenfalls für eine Entlastung Ovids. In seiner »Ars amatoria« macht er sich – bei aller frivolen Rivalität zwischen den Geschlechtern – für ein viel partnerschaftlicheres Verhältnis in einer Liebesbeziehung stark, als das in der römischen Welt sonst üblich war. Ovid propagiert Zärtlichkeit und erotisches Miteinander; er warnt vor sexuellen »Alleingängen«, Einseitigkeiten und jedweder Form sexueller Ausbeutung eines Partners. Und wenn er bei der Beschreibung des »richtigen« Beischlafs dazu rät, gemeinsam zum Höhepunkt zu eilen als Inbegriff vollkommener Lust[60], dann leistet er dabei, an den realen Verhältnissen seiner Zeit gemessen, wahre Pionier- und Aufklärungsarbeit. Wer diesen – relativ – ehrlichen Makler im erotisch-sexuellen Spannungsfeld der Geschlechter oberflächlich zum »Macho« oder Anwalt unreflektierter männlich-dominanter Arroganz stempelt, verkennt ihn gründlich.

Erst recht, wer ihn als Apologeten brutaler oder zumindest skrupelloser Vergewaltigung verachtet. Ovid ist der einzige Schriftsteller der Antike, dem es bei der Schilderung einer Vergewaltigungsszene gelingt, nicht nur Mitleid mit dem Opfer zu empfinden, sondern sich auch in die Psyche der geschändeten Frau zu versetzen. Die vergewaltigte Lukretia bringt es in Ovids Darstellung nicht über sich, das Erlittene in allen Einzelheiten zu schildern. Sie erstarrt, als es um die Schilderung der eigentlichen Tat geht, in Sprachlosigkeit.[61] Diese feinfühlige, ganz aus der Perspektive des Opfers gewonnene Darstellung des Stoffes verträgt sich nicht mit dem Zerrbild vom *male chauvinist pig* Ovid. Das schafft eine gewisse Beklommenheit bei der Lektüre der leichtfertigen »Liebesraub«-Empfehlungen nicht aus der Welt (zumal nicht jeder Leser sie so gründlich analysiert haben dürfte, wie wir es versucht haben). Aber es verschiebt doch hoffentlich die Akzente bei der Beurteilung der Passage.

Strategien weiblicher Verführungskunst

❖

Natürliche Schönheit – Eine seltene Göttergabe

Die Fau will umworben, will gebeten sein. Dem Mann obliegt es, die Initiative zu ergreifen. Dieses Grundprinzip antiker Liebeswerbung haben wir im letzten Kapitel kennengelernt.

Es wäre jedoch völlig falsch gedeutet, wenn man den Aktivitätsanteil der Frau bei diesem Rollenspiel gegen Null tendieren ließe. Einfach nur still und zurückgezogen abzuwarten und auf den erlösenden Moment zu hoffen, da ein Interessent sich einstellt – das entspricht im Verständnis Ovids (und der »aufgeklärteren« Damenwelt seiner Zeit) keineswegs dem Beitrag der Frau bei der Partnersuche. Sie kann und soll sehr wohl einen aktiven Part spielen, das Geschehen handelnd beeinflussen; nur eben aus dem Hintergrund, als Drahtzieherin und Akteurin hinter den Kulissen, nicht aber als Protagonistin auf offener Bühne. Die Frau als Graue Eminenz der von ihr selbst eingefädelten Beziehung – das wäre in Ovids Augen kein Unglück. Realismus und Psychologie – dieser Mann kennt seine Geschlechtsgenossen! – gehen hier Hand in Hand: Die unausgesprochene Aufforderung »Verführe mich!« lugt aus vielen Versen hervor.

Den männlichen Strategien der Werbung müssen also auch weibliche Strategien der Verführung zur Werbung entsprechen. Und auch beim *tenere,* der Festigung und Sicherung einer dauerhaften Beziehung, hat die Frau ihre Rolle als »Verführerin in Permanenz« zu spielen.

Wer aus gesellschaftlichen Gründen zur Zurückhaltung beim

aktiven Handeln verurteilt ist, muß auf sich aufmerksam machen, um etwas in Bewegung zu setzen. Am unmittelbarsten gelingt das durch die äußere Erscheinung. Das verspricht im Falle der Frau besonderen Erfolg, weil auch in der Antike die Männer nicht blind waren für typisch feminine Reize und diese, man mag es beklagen oder nicht, zunächst einmal an körperlicher Attraktivität »festmachten«. Aus diesem schlichten Umstand ergab sich die zentrale Forderung, die Blicke potentieller Kavaliere durch ein ansehnliches Äußeres auf sich zu ziehen.

Wohl der, die es nicht nötig hat, ihrer Schönheit durch irgendwelche Hilfsmittel und Attribute gewissermaßen auf die Sprünge zu helfen! Aber wie wenige gibt es, die diese »Göttergabe«, einen makellosen Körper und ein schönes Gesicht, ihr eigen nennen können![1] Und wie vergänglich ist diese Blüte, die bald schon grauen Haaren und Falten weichen wird – und spätestens dann zu »Korrekturen« zwingt![2] Daher empfiehlt es sich für keine Frau, sich auf ihren tatsächlichen oder vermeintlichen Schönheitslorbeeren auszuruhen, denn »dies Geschenk [fehlt] doch einem Großteil von euch!« schreibt Ovid seinen Leserinnen ins Stammbuch. Wenig galant zwar, aber effektiv – hier darf er nicht als Charmeur sprechen, sondern steht in der Verantwortung als Lehrer. Als solcher muß er seine *message* unmißverständlich klarmachen, und die heißt: Ohne *cura* und *cultus*, die sorgfältige Pflege des äußeren Erscheinungsbildes, geht es nicht![3]

Schmuck und Kleidung machen sinnlich – aber in welchem Umfang?

Dabei ist aber – jedenfalls nach Ovids Geschmack – Augenmaß zu wahren: Kultiviertes Aussehen ist nicht mit eitler Zurschaustellung von Luxus zu verwechseln. Prachtvolle, golddurchwirkte Kleider und ausgefallene, teure Geschmeide wie kostbare Steine, die schwer von den Ohren herabhängen – solche Protzerei, wie sie manche Damen der Oberschicht zu seiner Zeit tatsächlich schon als Persönlichkeitsersatz betrieben, lehnt Ovid ab. Den »großen Auftritt« vor Augen, den eine so »voll beladene« Frau beim Heraustreten aus dem Hause inszeniert *(prodire)*, schüttelt sich der Ästhet Ovid: »Oftmals verjagt uns der Prunk, der uns doch anlocken soll.«[4]

Mit dieser Warnung hat sich unser vielgelesener und als Erotik-Lehrer durchaus ernstgenommener Autor allerdings nicht durchsetzen können. Römerinnen, die es sich leisten konnten, ließen sich davon nicht irritieren. Sie führten ihren Juwelen- und Perlenschmuck trotzdem – oder erst recht? – in der Öffentlichkeit vor, und zwar mit steigender Tendenz. Gerade wertvolle Ohrgehänge erfreuten sich großer Beliebtheit: »Zwei oder drei Vermögen« baumelten da, glaubt man Seneca, an manchem

zarten Ohrläppchen.[5] Solche »Prunksucht« machte auch vor den Frauen aus ärmeren Schichten nicht halt: Die Perle sei auf der Straße der Liktor der Frau, pflegten sie auf die Vorhaltungen ihrer sparsamen Männer zu antworten[6] – also ein so selbstverständlicher und notwendiger Begleiter wie die tatsächlichen Liktoren bei den höchsten Beamten.

Oder war es die Sorge vor zu großem Selbstbewußtsein der mit kostbarem Schmuck behängten Frau, die die römische Männerwelt ziemlich unisono in die Kritik Ovids einstimmen ließ? Ein Indiz dafür könnte Juvenals Bitterkeit über »das Weib« sein, das sich alles

erlaubt und »nichts für schändlich [erachtet], sobald sie sich grüne Edelsteine um den Hals gelegt und große Perlen an die langgedehnten Ohrläppchen gehängt hat.«[7]
Ovids Verdikt hinsichtlich luxuriöser Aufmachung erstreckt sich auch auf die Kleidung. Der *Wert* der Kleider ist nichts, was Männer anzieht – sofern sie nicht hinter dem Vermögen der Frau her sind wie Heirats- oder Liebesschwindler, die »unter dem Schein erlogener Liebe auf Raub« ausgehen und nur »schnöden Gewinn« suchen.[8] Der ehrliche Liebhaber werde durch teure, auf den Stoff genähte Gold- und Purpurzierstücke oder ganz und gar in Purpur getränkte Mäntel eher abgestoßen, meint Ovid: Ganze Vermögen am Körper tragen? Heller Wahnsinn![9]
Was umgekehrt nicht heißt, daß die Frau in Sack und Asche gehen soll. Weit gefehlt! Bunte, abwechslungsreiche Farben dürfen es schon sein – wie sie die Mode seiner Zeit gerade preiswert hervorgebracht hat: Himmelblau und meeresblau, krokusgelb und aurorarot, amethystpurpurn und kastanienbraun, rosenweiß und wachsgelb, kurz all die Farbsäfte, die »die Wolle trinkt«. Aus dieser Vielfalt suche jede aus, was zu ihrem Typ paßt. Kontraste machen sich besonders gut: Frauen mit weißer Haut stehen dunkle Farben, Weiß steht dem dunklen Typus. Selbst in der Mythologie hat solch gelungene Typ-Abstimmung ihre Wirkung nicht verfehlt: Dunkle Töne standen der hellhäutigen Briseïs: »Als sie geraubt wurde, trug sie grad ein dunkles Gewand«[10] – was dann ja bekanntlich den Zorn des Achill auslöste und damit die »Ilias« Homers…

Der Spiegel als Typberater – Haarpflege im Dienste der Attraktivität

Was für die Kleidung gilt, trifft auch auf die Frisur zu: Da läßt sich kein allgemein verbindliches Ideal festlegen. Die Frisur sollte statt dessen zur Kopf- und Gesichtsform passen. Der beste Typberater ist der Spiegel; ihn konsultiere die Dame, bevor sie sich kämmt. Und dann trage sie entweder glatt zurückgekämmtes oder toupiertes, lockiges, streng gescheiteltes oder lang auf die Schultern fallendes, hinter dem Kopf geknotetes Haar oder eine der vielen anderen Haarmoden, deren Zahl von Tag zu Tag wächst...[11]

Vorausgesetzt, man kann eine *lex*, eine Ordnung, erkennen, hat jede Frisur ihren Vorzug.[12] Oder doch nicht? Richtig, da gibt's ja noch eine ganz aparte Alternative: die *coma neglecta*, das absichtlich nachlässig gekämmte Haar. Es sieht so aus, als lägen die Haare seit gestern so; in Wirklichkeit ist die leichte Unordnung gerade erst kunstvoll mit dem Kamm hergestellt worden – vielen steht auch das, und manchen Männern gefällt's ausgesprochen![13]

Haarfärbemittel standen bei Römerinnen hoch im Kurs, und auch Ovid hat nichts gegen das Färben. Hennapulver aus Ägypten diente zur Rotfärbung. Für das noch begehrtere Blond sorgten der im heutigen Holland hergestellte »batavische Schaum« und die aus der Gegend von Wiesbaden kommenden Seifenkugeln *(pilae Mattiacae*[14]). Extravagante Damen zogen auffälligere Tönungen vor; selbst ein exotisches Blau fand hier und da Gefallen.[15]

Bei den meisten Männern ging die Rechnung auf. Sie hatten gegen solche Kunstmittel ebensowenig einzuwenden wie gegen falsche Haarteile und Perücken, die ebenfalls gern als Attraktivitätshilfe genutzt wurden. Auch dabei war langes blondes Haar sehr begehrt. Solche Perücken wurden aus den abgeschnittenen Haaren kriegsgefangener Germaninnen hergestellt.[16] Mit seiner deutlichen Stellungnahme gegen das Haarfärben steht der Liebesdichter Properz ziemlich allein da (»die dumme Frau, die sich als erste das Haar durch Färbung verfälschte, soll in der Unterwelt viel leiden!«[17]). Kein Wunder, gab es doch auch genügend *Männer*, die sich in fortgeschrittenem Alter »urplötzlich vom Schwan in einen Raben verwandelten« ...[18]

Einer erotischen Katastrophe kommt es natürlich gleich, wenn sich die Dame von ihrem Liebhaber dabei überraschen läßt, wie

sie gerade der unzureichenden Natur durch eine gekaufte Haarfülle nachhilft. Nicht auszudenken, wenn sie sich im Moment des Schrecks die Perücke falsch herum aufsetzt! Da erstirbt dann alles im Mann.[19]

Etwas ganz anderes ist es, wenn eine über üppige Haarpracht verfügt und ihrem Liebsten im Bewußtsein dieser Pracht eine kleine Frisier-Voyeureinlage bietet. Solch eine Schönheit soll ihre Attraktivität leicht aufreizend nur ausspielen, rät Ovid: Laß dir das Haar vor den Augen deines Freundes kämmen – und zwar möglichst so, »daß es weit über den Rücken fließt«. Zunichte machen kann man diesen erotischen Effekt allerdings durch ungeduldiges, jähzorniges Verhalten gegenüber der Friseuse. Wer die mit Haarnadeln malträtiert und zum Weinen bringt, liefert dem Mann nur ein peinliches Schauspiel.[20]

Sorgfältige Haarpflege, daran läßt Ovid keinen Zweifel, ist ein ganz wichtiger Bestandteil des weiblichen *cultus*. Die Männer achten darauf, und werden, wenn's gelungen ist, aufmerksam auf die Dame. So war es denn auch selbstverständlich, daß die Frau, bevor sie ausging, viel Mühe auf ihre Frisur verwendete. Jedenfalls dann, wenn sie »irgendeinem jungen Mann schön erscheinen möchte«, ordnet sie »ihr zartes Haar mit dem dichten Kamm«[21]. Daß sich je nach »Putz«-Aufwand die Grenzen zwischen »freizügigen«, »aufgeklärten« Damen, halbprofessionellen Kurtisanen und professionellen Hetären verwischen konnten, war eine naheliegende Gefahr. Die Ratschläge, die Ovid im Hinblick auf Kleidung und Frisur gibt, zielen eher auf zurückhaltende Dezenz – nicht ohne erotischen Pfiff, aber doch weit entfernt von der aufgetakelten Penetranz, an der man »Professionelle« erkennen konnte.

❖

Zu dick aufgetragen –
und als gewerbsmäßige Schöne durchschaut

Zwei Männer beobachten eine schöne Frau auf der Straße. Soll man sie ansprechen? Der eine mahnt zur Vorsicht, wird aber von dem Erfahreneren zurechtgewiesen:

»Du bist ein Dummkopf, beim Apollon, und im Reich der Aphrodite ein völliger Laie. Keine anständige Frau ginge um diese Tageszeit aus, noch dazu mitten durch die Stadt, derart herausgeputzt und gegen die Begegnenden gar nicht abweisend. Merkst du denn nicht, wie sie schon von weitem nach Parfüm duftet, und hast du nicht das Läuten der klingenden Armbänder gehört, die sie ganz allerliebst in Bewegung setzte? So lassen es die Frauen seit eh und je ertönen, indem sie mit berechnender Geste die Rechte heben und mit den Fingerspitzen an den Gewandbausch fassen: Liebessignale sind das, mit denen sie die jungen Leute an sich locken...«

Aristainetos, Erotische Briefe I 4

❖

Borstige Schenkel: nein danke! – Basislektion in Hygiene

Soll Ovid für seine Leserinnen eine Lektion über Basis-Hygiene einschieben? Eigentlich nicht nötig!, befindet er; denn schließlich unterrichte er ja keine »Mädchen vom Kaukasusfelsen«, sondern kultivierte Damen, die wissen, was sich gehört.[22] Aber sicher ist sicher. Und deshalb folgt nach der galanten Einleitung »Fast hätt' ich euch noch ermahnt« (aber ihr wißt und praktiziert das ja alles) doch vorsichtshalber eine Schnell-Unterweisung in Sachen Grundpflege.

Wie bei den Männern, so sollte Sauberkeit auch bei den Damen eine Selbstverständlichkeit sein. Vorsicht, daß nicht der »trotzige Bock unter die Achseln kommt!«, warnt Ovid, und ebenso zählt er das Rasieren der Beine zu den Grunderfordernissen weiblicher Körperpflege. Gegen rauhes »Borstenhaar« am Bein hat er etwas.[23]

Die Kürze dieser Tips zeigt, daß er hier Eulen nach Athen trug – jedenfalls für die meisten Römerinnen. Denn gerade in den Kreisen, die er mit seiner »Ars« ansprechen wollte, wurde Hygiene großgeschrieben. Dies um so mehr, als sich im 1. Jahrhundert v. Chr. zahllose kleine Bäder in der Hauptstadt etabliert hatten, die auch den Bewohnern von Mietwohnungen ohne Wasseranschluß (und das war die überwiegende Mehrzahl!) bequeme und preiswerte Bademöglichkeiten boten. Überdies wurden zu Ovids Zeit bereits die ersten großen Thermenanlagen in Betrieb genommen. Damit eröffneten sich auch für Mädchen aus dem einfachen Volk Badeperspektiven, wie sie zuvor nur auf Angehörige der Oberschicht und Damen der Halbwelt beschränkt gewesen waren. Wobei manch einem Kunden der ausgedehnte und im Zweifel von ihm finanzierte Badespaß »seiner« Hetäre schon mal auf die Nerven gegangen war: »Die Fische bringen ihr ganzes Leben lang nicht so viel Zeit im Wasser zu, wie Phronesion im Bade sitzt«, läßt Plautus einen frustrierten Liebhaber klagen. »Ließen sich die Frauen so lange lieben, wie sie baden, welcher Liebhaber wäre da nicht gerne Bademeister?«[24]

Zu den Selbstverständlichkeiten, die Ovid gleichwohl noch einmal ins Gedächtnis rufen will, gehört auch das morgendliche Zähneputzen. Braune Zähne durch nachlässige Zahnpflege? Keine gute Visitenkarte für ein Mädchen, das den Männern gefallen will! Die paar Augenblicke, die das Ausspülen des Mundes und das Verreiben des Zahnpulvers dauerten, waren eine lohnende Investition in die Schönheit. Man konnte dabei ja die üblichen Pflegemittel benutzen, die auf der Basis von Natron hergestellt wurden. Der Griff zu jenem Spezialmittel, das die

Keltiberer verwendeten, empfahl sich für kultivierte Römerinnen eher nicht: Die »Barbaren« schworen nämlich auf Eigenurin.[25]

Und Make-up? Soll die Frau im Rahmen ihrer Anlock-Strategie auch zu künstlichen Schönheits-Hilfsmitteln greifen? Aber sicher!, antwortet Ovid – und weiß sich einig mit der großen Zahl von Römerinnen, die keinerlei Bedenken hatten, Kosmetika zu verwenden. Rouge und Lidschatten, Lidstrich und Schönheitspfläsuerchen, Wimperntusche und Puder waren übliche Accessoires der Schminkkunst – so üblich, daß Ovid sie mehr oder weniger im Vorübergehen erwähnt.[26]

Tatsächlich zeigt die Vielzahl von Schminkdöschen und Spateln,

Cremetöpfchen und Schminkkoffern, die in den Vitrinen unserer Antikenmuseen ausgestellt sind, daß sich die Männer auf *diese* Form weiblicher Schönheitspflege fest verlassen konnten. Auch an einschlägiger Fach- und Ratgeber-Literatur bestand kein Mangel. Die »Kosmetika« des Arztes Kriton waren im 2. Jahrhundert n. Chr. ein Bestseller; sie waren »im Besitz aller«, verrät uns eine Quelle[27], und ihr »Vorgänger« war nicht minder beliebt: Ein Lehrgedicht über »Schönheitsmittel der weiblichen Gesichtspflege« *(Medicamina faciei femineae)*. Der Verfasser des Bändchens ist uns wohlbekannt: Kein Geringerer als Ovid, der denn auch in der »Ars« auf sein Spezialbüchlein verweist: »… ist's auch klein, macht die Müh', die ich mir gab, es doch groß.«[28]

Schade nur, daß das Büchlein fragmentarisch überliefert ist! Es sind gerade einmal 100 Verse erhalten. Das Leitmotiv aber ist klar: *cultus,* Pflege, ist der entscheidende Begriff – Veredelung und kunstvolle Weiterentwicklung der natürlichen Anlagen. Denn in der Schönheitspflege gilt wie beim Ackerbau, bei der Baumzucht und in der Textilverarbeitung die schlichte Wahrheit *culta placent,* »Gepflegtes (siehe das Folgende) gefällt!«[29]

Fließende Masken, stinkende Salben –
Was Männern verborgen bleiben sollte

Culta ist Partizip Perfekt Passiv; es bezeichnet also das *Ergebnis* der Pflege, den Zustand danach – und nicht etwa den *Vorgang* des *colere!* Der kann alles andere als attraktiv sein, ja er gestaltet sich vielfach so unerotisch, wie man es sich nur denken kann. Um vor diesem »abtörnenden« Effekt zu warnen, greift Ovid zu drastischen Warnungen.

Beispiel Gesichtsmaske. Im alten Rom wurden verschiedene Rezepturen gehandelt, die dem Teint neue Spannkraft zu geben versprachen. Ovid selbst empfiehlt Mischungen auf pflanzlicher Basis mit Gerste, Erve, Hirschhorn, Narzissenzwiebeln, Zwiebelknollen, Getreidespelt sowie Honig als »Fließmittel«. Ein erfolgversprechendes Rezept, verheißt er: »Wenn eine Frau ihren Teint mit diesem Mittel behandelt, / wird nicht ihr Spiegel einmal makellos glänzen wie sie.«[30]

Aber um Himmels willen sich nicht bei dieser Prozedur von seinem Liebhaber beobachten lassen! Toilette-Angelegenheiten müssen mit äußerster Diskretion, ja Geheimhaltung erledigt werden. Nicht auszudenken, wenn der Mann mitansieht, wie eine Hefemaske durch die Körperwärme allmählich ins Rutschen gerät, das Gesicht und den Hals zäh hinunterläuft und die klebrige, dickflüssige Masse sich auf dem Busen verteilt! An diesem Anblick empfindet der Liebhaber wenig, sehr wenig Freude.[31]

Oder aber das Schönheitsmittel *oesypum*, eine Art Lanolinsalbe, die aus Wollfett gewonnen wurde. Schweiß und Schmutz, die in der Wolle klebten, haben ihre Wirkung auf das kosmetische Produkt nicht eingebüßt: *oesypum* stinkt – und eignet sich daher auch nicht gerade dazu, dem sensiblen Riechorgan eines begehrenden Mannes zu begegnen. Dessen Vorfreude auf das bevorstehende Rendezvous wird möglicherweise durch heftigen Brechreiz getrübt.[32]

Zwei abschreckende Beispiele, die zwingend zu dem Schluß führen müssen, bloß alle Salbentöpfchen und Cremes, Maskengrundlagen und Kosmetikmixturen wegzuschließen, wenn der Freund in der Nähe ist – so wie umgekehrt der unglücklich verliebte Mann, der die Beziehung beenden will, von Ovid den Rat bekommt, unverhofft zu erscheinen und das Mädchen bei der Kosmetik »kalt« zu erwischen. »Ohne Bewaffnung«, sagt er bildhaft und malt die Folgen dieses Überfalls wenig galant, aber überzeugend aus: »Ihrer Mängel bewußt, fällt sie in Ohnmacht vor Schreck« – und der scheidungswillige Mann ist dadurch eh »geheilt«.[33]

Welch ein Horror es für viele Männer gewesen sein muß, den Prozeß des Schöner-Werdens ihrer Geliebten mitzuverfolgen, läßt eine noch ungalantere Beschreibung aus der Feder des großen Spötters Lukian erkennen: »Wer etwa Frauen sähe, wie sie am Morgen aus dem Bett kommen, der fände sie häßlicher als Affen. Darum schließen sie sich sorgfältig im Hause ein und sind für kein männliches Wesen sichtbar...[34]

Aus alldem folgt, daß diese höchst unerotischen Situationen für Männer tabu sein müssen. Mädchen, die sich an dieses eherne Gesetz der »Bemalung« nicht halten, zerstören ihrem Freund etwas, das ihm außerordentlich lieb ist: seine Illusion. »Es ist gut, wenn die Männer vieles nicht wissen«, resümiert Ovid und empfiehlt den Damen, bei der Toilette die Schlafzimmertür geschlossen zu halten und erst das *fertige* Werk sehen zu lassen.[35]

Ein Lehrer, der sich hier sehr dezidiert gegen die Prozeß- und für die Ergebnisorientierung ausspricht! Macht euch schön, solange die Männer nicht da sind!, ruft er seinen Schülerinnen energisch zu.

❖

Goldene Worte zum Erhalt männlicher Illusion

Multaque, dum fiunt, turpia, facta placent.

»Häßlich ist viel, wenn's entsteht – ist's aber fertig, gefällt's.«

Tu quoque, dum coleris, nos te dormire putemus.

»So laß auch uns, während du dich zurechtmachst, glauben,
du schliefest.«

Multa viros nescire decet. Pars maxima rerum

Offendat, si non interiora tegas.

»Es ist gut, wenn die Männer vieles nicht wissen; das meiste
Dürfte wohl anstößig sein, deckt man das Innre nicht zu.«

Ovid, Liebeskunst III 218. 225. 229f.

❖

Schönheitskorrekturen durch Tarnung von Defiziten

Bei der Gesichtspflege läßt sich Unvorteilhaftes durch geschickte Kosmetik verdecken, Ansprechendes sogar noch stärker betonen. Wie aber sieht es mit anderen körperlichen »Mängeln« aus, bei denen man der Natur nicht so leicht ein Schnippchen schlagen kann? Ein Problem, das viele angeht, denn das Unvollkommene ist weiter verbreitet als das Perfekte. »Vom Schlechteren ist stets mehr da als vom Guten«, beschreibt der Realist Ovid dieses Phänomen.

Man muß versuchen, die »Mängel« nach Möglichkeit auszugleichen. Alle in Frage kommenden Ausgleichsmaßnahmen setzen aber eines voraus: daß das Mädchen sich seiner Schönheitsdefizite bewußt ist und sie auch vor sich selbst zugibt. Dann können die konkreten Ratschläge auch »greifen«, die Ovid für einige übliche Abweichungen von der Schönheitsnorm gibt. So läßt sich ein zu kleiner Wuchs dadurch tarnen, daß man möglichst häufig sitzt (»damit, wenn du stehst, man nicht annimmt, du säßest«) und beim Liegen die Füße und Unterschenkel unter einer Decke verbirgt. Für Frauen, die zu mager sind, empfiehlt sich dichtgewebte, weit von den Schultern herabfallende Kleidung. Eine zu bleiche oder zu dunkle Hautfarbe läßt sich durch den Griff zu jeweils farblich kontrastierender Kleidung kompensieren. Dürre Beine fallen weniger auf, wenn die hochgebundenen Schuhbänder nicht abgenommen werden, und gegen einen zu flachen

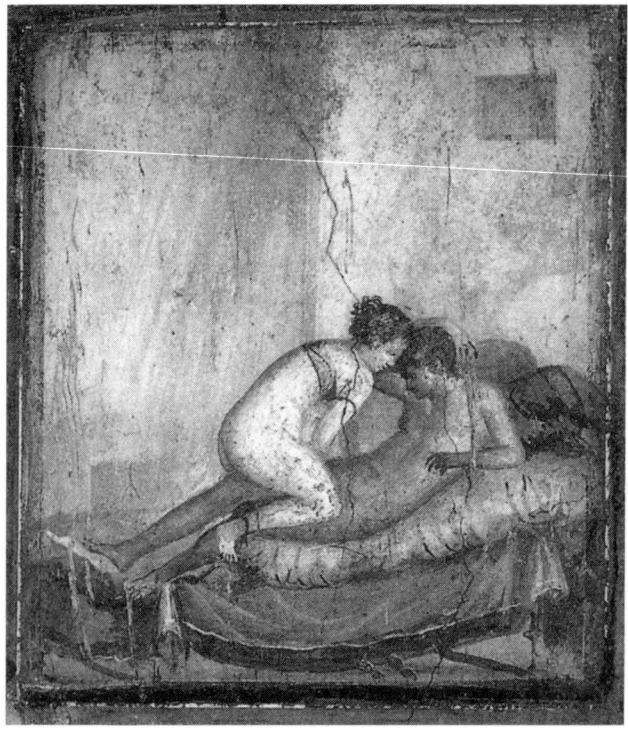

Busen hilft eine Binde *(fascia)*, die als Büstenhebe wirkt.[36] Daß die Befolgung gerade dieses letzten Rats seine Wirkung auf viele Männer nicht verfehlte, bestätigen erotische Malereien aus pompejanischen Bordellen: Manche Prostituierte ließen beim Geschlechtsverkehr als einziges Kleidungsstück die *fascia* an, offenbar als »Reizwäsche«.

Auch andere wenig stimulierende »Defekte« galt es durch entsprechendes Verhalten zu kaschieren. Mädchen mit dicken Fingern und spröden Nägeln sollten ihre Worte nicht mit vielen Gesten untermalen; die zu Mundgeruch neigten, sollten etwas essen, bevor sie ins Gespräch eingriffen – und zudem ordentlich Abstand von der Nase des Mannes halten. Und schlechte, schiefe oder schwärzlich-faule Zähne sind auch nicht gerade eine Einladung zum erotischen Geplänkel, denn »dann bringt Lachen die große Gefahr«[37], macht Ovid solchen Flirt-Kandidatinnen mit pädagogisch gebotener Derbheit klar. Von Zahnersatz als weiterer möglicher Abhilfe sagt er an dieser Stelle nichts; doch kam das, wie ein Martial-Epigramm zeigt, als Mittel künstlicher Schönheitskorrektur auch bei den Römern schon in Frage.

❖

Investition in die Schönheit

»Thais' Zähne sind schwarz, schneeweiß Laecanias Zähne.
Wie das kommt? Eins sind eigene, die andern gekauft.«

Martial V 43

❖

Die gefährlichste Waffe einer Frau: ihr Charme

Die Schönheitsstrategie führt häufig ans Ziel. Aber ihre Möglichkeiten sind, Kosmetik hin, »Ausgleichstricks« her, doch beschränkt. Denn auch künstliche Verschönerungsmethoden stoßen irgendwann an die von der Natur gesetzten Grenzen, und die Spuren des Alters lassen sich zwar mindern, aber nicht völlig verleugnen. Und im übrigen kann reine Schönheit, wenn ihr andere feminine Qualitäten fehlen, auch kalt und steril, ja sogar langweilig wirken. Nicht jeder Mann ist ein Pygmalion, dem die vollendete äußere Schönheit der von ihm erschaffenen Statue so attraktiv erschien, daß er sich in das unbeseelte Kunstwerk verliebte und sich an der perfekten Gestalt berauschte, »wie sie nie ein geborenes Weib kann haben«[38].

Zur Schönheit sollte also ergänzend noch etwas anderes treten oder etwas, das Männer auch über mehr oder weniger deutliche Schönheitsfehler hinwegsehen läßt. Dieses andere nennt Ovid *decor*. Entsprechende Begriffe im Deutschen sind »Anmut« und »Liebreiz« – eine Mischung aus äußerlich attraktivem Verhalten und Wesenszügen, die eine Frau einem Manne angenehm macht. Ein vielleicht doch treffenderer Begriff dafür ist Charme. In dieser Forderung fallen der mehr äußerliche *decor* und die die Wesensart eines Menschen bezeichnenden *mores* (»Charakter«) einer Frau zusammen.

Einer Charme-Offensive hält kaum ein Mann lange stand. Schauen wir uns im folgenden ganz konkret an, wie die für sich werbende Römerin Charme am erfolgreichsten einsetzen oder sogar regelrecht versprühen konnte. Wobei unser Erotik-Lehrer nicht versäumt, zur Motivationssteigerung seiner Schülerinnen (und Schüler) darauf hinzuweisen, daß auch das eine *ars* sei – und damit erlernbar; *decor* und *mores* gleichermaßen.

Wiegende Hüften, entblößte Schulter – Ein bißchen Koketterie darf sein

Attraktive Anmut soll die Gesamterscheinung der begehrenswerten Frau ausstrahlen. Das betrifft ihre Art, sich zu bewegen, nicht weniger als die Art, wie sie spricht, wie sie lacht und welche

Figur sie auf gesellschaftlichem Parkett abgibt. Keinen geringen Anteil am *decor* hat der Gang. Verwendet Mühe darauf, euch damenhaft zu bewegen!, ruft Ovid seinen Leserinnen zu. Oft entscheidet sich am Gang, ob Männer sich auf den ersten Blick angezogen oder regelrecht abgestoßen fühlen. Riesenschritte und plumpes Trampeln – so wie etwa die rotbäckige Bauersfrau aus Umbrien dahergestapft kommt –, das verscheucht die Kavaliere. Besser schon ein selbstbewußtes, ausdrucksvolles »Einherschreiten«: Das erregt die Aufmerksamkeit der Männer, trägt vielleicht sogar ein anerkennendes Raunen ein in der Art, wie Properz voller Bewunderung über den sehr körperbewußten Gang seiner Geliebten sagt, *so* könnte man sie mit Jupiters Schwester oder Pallas Athene verwechseln...[39]

Am besten aber, wenn noch ein bißchen Verführung im wahrsten Sinne des Wortes mitschwingt: ein weiches Wiegen in

den Hüften, ein raffiniertes Setzen der Füße, das signalisiert, daß die Dame sich ihrer Wirkung durchaus bewußt ist[40] – das ist eine Form körperlicher Koketterie, die die Herren überaus anspricht. Aber nicht *zu* berechnend, nicht »*zu* weich«!, warnt Ovid und zieht so, ohne es direkt anzusprechen, die Grenzlinie zu den »Professionellen«, denen das Maß dabei fehlt.[41]

Auch eine entblößte Schulter kann die Männerwelt in Entzücken versetzen. Durchaus anmutig und keineswegs zu keck ist es, wenn der »untere Teil deiner Schulter, der obere des Armes ... entblößt« ist – findet Ovid und gerät ins Schwärmen über die damit den Blicken freigegebene Haut der »Schneeweißen«, die sich für unablässige Küsse geradezu anbiete ...[42]

❖

Kuß oder Knutschfleck? – Herr Dr. Brandt auf –
nicht nur philologischen – Abwegen

Im Jahre 1902 veröffentlichte der Leipziger Gymnasiallehrer Dr. Paul Brandt eine kommentierte Ausgabe der *Ars amatoria*. Das war damals ein kühner Schritt, den man dem Verfasser hoch anrechnen muß. Aber an *dieser* Stelle war Dr. Brandt sogar kühner, als es philologisch vertretbar ist.

Ovid spricht von *oscula ferre*, »Küsse tragen« – auf die entblößte Schulter, versteht sich. »Ein beliebter Leckerbissen in der Erotik!«, kommentiert Brandt. Und nimmt seinen Lecker-Bissen allzu wörtlich, indem er auf Parallelstellen verweist, in denen regelmäßig vom »Rammen« des Zahns in das weiche Fleisch von Schulter und Hals bzw. von »Malen« die Rede ist, die wir vulgo als »Knutschflecken« bezeichnen. Jedenfalls an dieser Stelle hat Ovid solch raubtierhaftes Verhalten des von der entblößten Schulter angezogenen Liebhabers sicher nicht vorgeschwebt. Dann wäre es mit dem *decor* der Dame zumindest an dieser Körperstelle auch rasch vorbeigewesen.

Zügeln Sie Ihre Phantasie, Herr Dr. Brandt! Orientieren Sie sich am *wissenschaftlichen* Eros! Setzen!

❖

Eine hohe Kunst im Dienste weiblichen Charmes sind das Lächeln und das Lachen. Das »holde Lächeln, holde Geplauder« seiner Lalage rühmt Horaz über alle Maßen (»so werde ich sie stets lieben«)[43], und noch bekannter ist das »süße Lachen« von Catulls Lesbia, das »mich Armen aller Sinne gleich beraubt«[44]. Viele andere Stellen in der griechisch-römischen Literatur belegen, wie sehr das charmante oder aufmunternde, das aufreizende oder verstehende, das anhimmelnde oder das holde *ridere* einer Frau die Männer verzaubern konnte.

»Immer war etwas Anmutiges und Anziehendes in ihrem Lächeln«, wird bei Lukian das Erfolgsgeheimnis einer beliebten Hetäre beschrieben – und daß sie eben nicht alle paar Augenblicke in albernes Gekicher oder schallendes Gelächter ausgebrochen sei.[45] Kein Wunder, daß auch Ovid detaillierte Ratschläge zum richtigen *ridere* erteilt! Auch er warnt vor lautem Gelächter, bei dem sich das Gesicht fratzenhaft verzieht, vor einer »Brüll-Lache«, bei der man unwillkürlich an »die häßliche Eselin vom rauhen Mühlstein« denkt, oder anderen Fehlformen des Lachens wie etwa der pausenlosen Lachkanonade, die zwar das Zwerchfell erschüttert, aber mit Erotik so gar nichts zu tun hat.

Nein, leicht und weiblich soll das *ridere* klingen, und der Mund soll dabei nur mäßig geöffnet sein. Grübchen mögen sich dabei bilden, und die Lippen sollen einen Teil der Zähne noch bedecken. Eine sehr konkrete »Handlungsanweisung« – und tatsächlich hätte unser Liebeslehrer wohl nichts dagegen, wenn seine Schülerinnen das vor dem Spiegel einstudierten.

Wie er auch nichts gegen kleine, wohlberechnete Aussprachefehler einzuwenden hat. Das eine oder andere Wort undeutlicher zu artikulieren, ein bißchen zu lispeln und hier und da etwas »schlechter zu sprechen als sonst« – das alles läßt sich einstudieren. Und nicht ohne Erfolg: *In vitio decor est*, »Charme liegt im Fehler«, stellt der Kenner lächelnd fest[46] – und wer dächte heute nicht an den »reizenden« französischen Akzent, der den Charme einer Dame eigentlich nur mehren kann...

Merke: Auch und gerade das Unvollkommene kann höchsten Charme entfalten – zumal wenn es mit Raffinesse und koketter Berechnung gut als *ars* eingeübt ist.

»Wenn die Stimme das Band knüpft...« – Vom sinnlichen Reiz musischer Bildung

Musische Bildung erhöht den Liebreiz attraktiver Mädchen, und zwar auch in ganz sinnlicher Form. »Weil sie süß singt und ihre Stimme mit größter Leichtigkeit moduliert, möchte ich der Sängerin Küsse rauben und geben«, bekennt Ovids lyrisches Ich[47]. Für die anderen Elegiker gilt das gleichermaßen. Und nicht nur für sie. Selbst der den strengen Vätersitten *(mos maiorum)* nachtrauernde Sallust kann seine Bewunderung für eine gewisse Sempronia nicht unterdrücken, die er zwar auf der einen Seite als eine Art Flintenweib der Catilinarischen Verschwörung dämonisiert, auf der anderen Seite aber wegen ihrer musischen Talente recht anziehend findet: »Sie war wohl vertraut mit griechischer und lateinischer Literatur«, porträtiert er sie anerkennend; »sie verstand es auch, zur Lyra zu singen und zu tanzen, allerdings« – und hier folgt die Kritik an der zu »aufgeklärten« Sempronia, »eleganter, als es sich für eine anständige Frau gehört.« Und einige Sätze weiter noch einmal voller Faszination: »Geistig war sie alles andere als unbegabt: Sie verstand es, Verse zu machen, Scherz zu treiben, ein Gespräch sittsam oder schnippisch oder auch anzüglich zu führen; kurz, sie besaß viel Esprit und viel Charme« *(multae facetiae multusque lepos)*[48].

Wenn sogar ein politisch ganz anders denkender Historiker sich noch beim Porträt seiner »Lieblingsfeindin« von deren Anmut sozusagen auf Distanz becircen ließ, um wieviel erotischer mußte da die persönliche Gegenwart einer gebildeten, charmanten und espritvollen Dame auf eine römische Männerwelt wirken, die sich offenbar nur allzu bereitwillig vom musischen Können attraktiver Damen elektrisieren ließ!

Konsequenterweise wirbt Ovid bei seinen Leserinnen für eine entsprechende Ausbildung. Sie gehört ganz selbstverständlich zur Strategie der Charme-Offensive. Gesangsunterricht macht sich bezahlt, versichert er, »knüpfte doch statt des Gesichts vielen die Stimme das Band«[49]. Ebenso das Leierspiel, das den eigenen Gesang im allgemeinen begleitete, oder die Beherrschung eines anderen Instruments.

Die Rezitation großer Literatur sollte ebenfalls zum Repertoire eines anmutigen Mädchens gehören, insonderheit natürlich die bedeutenden Werke der erotischen Literatur, von der griechischen Dichterin Sappho angefangen über Gallus, Properz und Tibull bis hin zu einem gewissen Ovid, dessen gepflegtes Gedicht über die Liebeskunst die gebildete Dame ebenso ausdrucks- und gefühlvoll vortragen können sollte wie die »Amores« oder die »Liebesbriefe« (*Heroides*). Auch epische Dichtung sollte sie beherrschen, jedenfalls die »Aeneis« Vergils, das Nationalepos der Römer.[50]

Auch das Tanzen gehört zum Katalog musischer Fähigkeiten im Dienste amouröser Charme-Entfaltung. Gerade auch das Tanzen! Denn da braucht man nur an die großen Ballettänzer der Bühne zu denken – jene »Virtuosen der Hüfte« *(artifices lateris)*, die mit ihren gefühlsstarken, aufreizenden Tanzbewegungen das Theater gewissermaßen erotisch aufzuwiegeln verstehen –, um zu begreifen, welche Erotik-Chancen das sinnliche Bewegen der Arme im Tanz einer temperamentvollen Dame birgt.[51]

❖

Das gleiche zum Abgewöhnen: Musische Defizite als Liebestöter
»Ist eine nicht mit Stimme begabt, fordre auf sie zu singen;
Tanzen laß die, die den Arm nicht zu bewegen versteht;
Spricht sie barbarisch, dann laß sie viel mit dir reden, und hat das
Saitenspiel nicht sie erlernt, bitt, daß die Lyra sie hol'.«
Ovid, Heilmittel gegen die Liebe 333–336

Von deutlich geringerem Gewicht, aber doch nicht ohne Bedeutung waren Grundkenntnisse in den Gesellschaftsspielen, die die Römer in gemütlicher Runde pflegten. Da gehörte es zur anmutigen Ausstrahlung eines Mädchens, nicht mit mißmutigem Gesicht dabeizusitzen und dadurch zur Spielverderberin zu werden. Die simplen Regeln des Würfelspiels nicht zu beherrschen hieß, sich angesichts seiner außerordentlichen Popularität in allen Schichten der römischen Bevölkerung selbst ins Abseits zu stellen und als wenig umgänglich zu gelten.

Ähnlich verhielt es sich bei den Brettspielen. Geradezu schimpflich scheint es Ovid, wenn sich eine Dame da in den Spielregeln nicht auskennt – zumal mancher Flirt beim Spiel seinen Anfang nimmt.[52] Vorausgesetzt allerdings, die Dame benimmt sich nicht »zickig«, hysterisch oder streitsüchtig. Ihr Temperament sollte sie beim Spiel stets unter Kontrolle haben. Streiten, Schimpfen,

Nichtverlierenkönnen: Das sind Verhaltensweisen, vor denen Jupiter die Mädchen bewahren möge, »wenn euch nur etwas dran liegt, daß ihr den Männern gefallt.«[53]

Lieb, reizend und umgänglich –
Mit diesem Frauenbild konnte selbst der Alte Cato leben

Wir sind damit bei den *mores* angelangt. Von welcher »Art« soll eine Frau sein, wie soll sie sich geben, um sich Männern angenehm zu machen? Schon im traditionellen römischen Frauenbild gab es eine Antwort darauf, die man mit dem saloppen Ausdruck »pflegeleicht« wohl am besten auf den Punkt bringt.

Liebenswert und angenehm *(amabilis, iucunda)* sollte sie sein, reizend und süß *(dulcis, suavis)*, ehrerbietig und folgsam gegenüber dem Mann *(reverens, obsequens)*, umgänglich und freundlich *(facilis, comis)*. War dies der Fall, so hatte die Ehe aus der Sicht des Herrn Gemahl gute Chancen, einträchtig und ohne Streit *(concorditer, sine discordia, sine lite, sine querela)*, ohne Anstoß, Schmerz oder Zorn *(sine offensa, sine dolore, sine ulla iracundia)* in dauerhafter Harmonie *(perseverante inter se concordia)* zu verlaufen – so das von anderen wichtigen, aber im erotischen Kontext unerheblichen Tugenden »bereinigte« Normbild der perfekten Ehefrau und Ehe, wie es aus unzähligen Grabinschriften hervorgeht.[54]

Ihr »angenehmes« Wesen durfte die Frau hier und da auch schon einmal ausspielen, um von ihrem Mann etwas zu erbitten. »Liebes« Verhalten mit schmeichelnden Worten honorierte selbst der strenge Patriarch, der auf seine Vorrangstellung pochte, ab und zu – und ließ sich vielleicht mal um den Finger wickeln, wenn die Ehefrau ihn mit reizendem Augenaufschlag und einem gehauchten »Bitte, bitte« umcirctе. Da hatte sogar der Alte Cato Verständnis dafür, wenn ein römischer Hausvater auch mal schwach wurde. Allerdings nur in der Abgeschlossenheit der eigenen vier Wände; auf keinen Fall in der Öffentlichkeit! Dort hatte die Frau selbstverständlich hinter ihrem Mann zurückzustehen und seine Entscheidungen klaglos zu akzeptieren.[55]

Mit der Wirklichkeit der meisten römischen Ehen hatten diese schönen Männer-Phantasien allerdings wenig gemein, und es wäre ziemlich verhängnisvoll, das in Grabinschriften beschworene Normbild als Spiegel der Alltagsrealität anzusehen. Die war, glaubt man Ovid, viel eher von ständigen Zankereien, gegenseitigem Unverständnis und massiven Ehekrächen geprägt. Was für ihn nicht weiter erstaunlich ist, weil die meisten Ehen nur »durch das Gesetz« geschlossen wurden und nicht auf Zuneigung der Partner oder gar wahrer Liebe beruhten.[56]

❖

»Streit ist die Mitgift der Gattin« – Desillusionierendes über die römische Ehe

»Streitend vertreibe den Mann die Gemahlin, der Gatte die Gattin;
Die sollen glauben, daß sie stets hin und her prozessiern.
Solches steht Gattinnen an; die Gattin bringt Zank ja als Mitgift;
Nur was sie gerne vernimmt, höre die Freundin von dir.«

Ovid, Liebeskunst II 153–156

»Kaum zu glauben, daß sich ein Mann in euer Bett legt!« – Ovid auf Kollisionskurs mit mürrischen Matronen und Heroinen

Die großartige Chance der freien Liebe liegt für Ovid darin, daß für sie das gleichmäßige Schlagen der Herzen, die *con-cordia*, kein abgegriffenes und verflachtes, dem Druck der gesellschaftlichen Konvention entspringendes Schlagwort ist, sondern ein ganz tief im intensiven Gefühl für einander verwurzelter Wert, der sich durch einen entsprechenden Umgang miteinander auch ständig aktualisiert und bewußt reaktiviert werden muß. Dieser Chance des echten Gefühls steht freilich die Verpflichtung der Partner gegenüber, sich ständig engagiert um die Aufrechterhaltung dieser *concordia* zu bemühen. Denn die freie Liebe wird ja nicht durch die äußere Klammer des Gesetzes und des Herkommens zusammengehalten; sie muß sich stets aufs neue bewähren.

Dazu hat auch der Mann durch sein Verhalten beizutragen; auch er geht mit seiner Geliebten anders um als mit seiner Ehefrau: »Zärtliche Liebe sei nur von sanften Worten genährt.«[57] Und was die Dame angeht, die ihren Charme entfaltet, um einen Mann zu gewinnen und an sich zu binden, heißt das: Sie ist gut beraten, sich so »pflegeleicht« zu geben, wie es der Idealvorstellung des klassischen römischen Frauenbildes entspricht. Sie kann es sich weniger als die verheiratete Matrone erlauben, gegen diese Erwartungen einer anspruchsvollen – und in diesem Punkte sehr einigen! – Männerwelt zu verstoßen.

Für die *mores* des auf Wirkung bedachten Mädchens folgt daraus: Heiterkeit und Freundlichkeit, verständnisvolles Lächeln und Liebenswürdigkeit sollen sein Mienenspiel bestimmen. Ein mürrischer Gesichtsausdruck, ein vor Zorn geschwollenes Gesicht – schaut nur in den Spiegel, wenn ihr den Beweis sehen wollt!, rät Ovid seinen Schülerinnen –, eine hochmütig-trotzige Attitüde oder ein von maßloser Sprödigkeit entstelltes Antlitz: Mit alldem kann man Männer nur verjagen. Unfaßbar, daß die mythischen Helden etwas an der griesgrämigen Tekmessa oder an der »schwierigen« Andromache gefunden haben! Kaum zu glauben, daß sich ein Mann in euer Bett gelegt hat!, ruft unser Liebeslehrer den beiden Heroinen angewidert zu, »wären da nicht eure Kinder, die mich zwingen, es zu glauben«[58].

Auf dieser Negativ-Folie weiblicher Freudlosigkeit gewinnt der Appell, Charme durch Schmiegsamkeit und Anschmiegsamkeit zu entfalten, an besonderem Gewicht. Warum nicht mal ein *lux mea*, »mein Licht du!«, »mein Schatz!«, ins Gespräch einfließen lassen und dabei dem Mann verliebt in die Augen schauen? Dergleichen erfreut die Männer, weiß Ovid.[59]

❖

Männer gieren nach Koseworten …

»Ach, nenn mich doch dein Spätzelein, dein Hühnchen, Lämmchen, Wächtelchen; oh sag, ich sei dein Böckchen, dein Kälbchen, faß mich am Öhrchen und lege dein Lippchen auf mein Lippchen!«

Plautus, Asinaria 664–666

❖

Und so schön es ist, wenn all das aus vollem Herzen kommt, so spricht auch nichts dagegen, wenn es ab und zu nur gespielt ist. Schmachtende Blicke und tiefe Seufzer (»warum kommst du heute so spät?«), falsche Tränen[60] und Komplimente, gespielte Eifersucht und berechnete Temperamentsausbrüche – das sind Listen, die zur Charme-Offensive einfach dazugehören. Ein schlimmer Verrat am eigenen Geschlecht, daß er den Mädchen diese Tips gibt!, stöhnt Ovid auf. Und doch ist es halt so: »Macht, daß wir glauben, wir würden geliebt! . . . / Gern stellt der Glaube sich ein, wenn man sich stark etwas wünscht!«[61]

Das Nähren männlicher Illusionen gehört zu den *mores* verführerischer Frauen – das ist die Botschaft, die Ovid nicht nur an dieser Stelle verkündet (und die erfolgreichen Kurtisanen und Hetären der Antike beherrschten das virtuos[62]). Warum ist es so leicht, bei den Männern mit Schmeicheleien und »Liebsein« Erfolg zu haben? Weil jeder Mann sich im Grunde für außerordentlich attraktiv hält und eine entsprechende Bestätigung auch gern honoriert. Wir lassen uns in unserer Eitelkeit nur zu gern überzeugen, klagt Ovid, und achten dabei gar nicht so sehr darauf, was sich hinter einem tiefen Blick in die Augen und einem gesäuselten »mein Leben!« verbirgt. Zumal jene Spezies von Mann, die sich aufwendig pflegt und einen Großteil ihrer Freizeit vor dem Spiegel verbringt, erliegt in ihrer Leichtgläubigkeit besonders rasch solch »erlerntem« Charme – »glaubt er doch, auch Göttinnen selbst müßten entflammt sein durch ihn«[63].

Wohlberechnete kalte Duschen: Die Feuer-und-Wasser-Strategie

Kommen wir zur letzten Verführungsstrategie! Man könnte sie die Feuer-und-Wasser-Strategie nennen im Anschluß an ein

Bild, das Aristainetos in einem seiner »Erotischen Briefe« verwendet. Dort skizziert er einige der üblichen Hetären-Kniffe, mit denen sie ihre Liebhaber gewissermaßen ständig unter erotischem Dampf – und dadurch spendabel – hielten. Das Prinzip ist ganz einfach: Zunächst steckt das Mädchen den Liebhaber in Brand, anschließend gießt es wohlberechnete Portionen Wasser ins Feuer und kühlt ihn ein bißchen ab. In Wirklichkeit ist das nur eine scheinbare kalte Dusche, denn die Frau hat es in der Hand, die Glut jederzeit aufs neue und um so intensiver zu entfachen.[64]

Nicht umsonst ist Amor ein geflügeltes Wesen; »geschwind ist Eros im Kommen und Entfliegen«[65]. Und eine allzu gleichförmige Beziehung ohne Höhen und Tiefen droht deshalb mit der Zeit zu verflachen. »Wird eine Nahrung bequem und leicht ersättigt *(pinguis)*, dann macht sie / überdrüssig, und schal schmeckt sie wie süßliche Kost«, stellt auch Ovid fest und zieht daraus die – für den Mann durchaus bittere – Konsequenz: »Will ein Mädchen lange herrschen, treibe es mit dem Liebenden sein Spiel!«[66]

Ein grausames, aber effizientes Spiel, das sogar im wohlverstandenen Interesse auch des Liebhabers selbst zu liegen scheint! Wie man dieses Spiel spielt, haben wir ansatzweise schon bei der richtigen »Behandlung« von Liebesbriefen erfahren: Den Verehrer hinhalten, ihn zwischen Angst und Hoffnung schwanken lassen und ihn dann mit einer Zusage beglücken.[67]

So funktioniert es im Prinzip auch, wenn die Beziehung in ein intensiveres Stadium eingetreten ist. Wer immer mühelos bekommt, was er will, wird ein bequemer, behäbiger Liebhaber, dessen Aufmerksamkeit und Zuneigung zu erlahmen drohen. Daher ruhig einmal eine Zurückweisung unter frohe Liebesspiele mischen – die Enttäuschung wird ihn spüren lassen, was ihm entging, und seine Glut anfachen.[68]

Die Dame kann Unpäßlichkeiten vorschützen: Die berühmt-
berüchtigten »Kopfschmerzen« sind der Klassiker dieser Hin-
halte- und punktuellen Verweigerungstaktik. Mag der Liebhaber
auch ahnen, daß der Kopfschmerz vorgetäuscht ist – ihm bleibt
nichts übrig, als die Abfuhr zu akzeptieren und auf bessere Zeiten zu hoffen.[69]

Auch religiöse Pflichten und Gefühle sind ein willkommener
Anlaß, den Mann eine Zeitlang »zappeln« zu lassen. Besonders
das Fest der Isis bot diese Gelegenheit. Denn zum einen war das
ein reiner Frauenkult, zu dem Männer keinen Zutritt hatten,
und zum anderen ging er mit zeitlich begrenzten Keuschheits-
gelübden einher – die sich freilich sehr individuell handhaben
ließen! Warum also nicht einmal wieder ein paar »Isis-Tage« –
auch unabhängig vom Hauptfest der Göttin im November – ein-
legen?! Mag der Liebhaber wie die elegischen Dichter schäumen,

wenn sie den Nil verfluchen, von dem dieser »männerfeindliche« Kult ausgegangen ist – er wird sich in die gleiche bittere Resignation flüchten müssen wie seine prominenten Leidensgenossen. Und er wird ebenso heftig darauf brennen, daß die Isis-Tage endlich wieder vorbei sind.[70]

Ein anderes Mal wird der Ehemann oder der Türwärter vorgeschoben: Es geht heute nicht; die Kontrolle ist zu streng, er hat Verdacht geschöpft ...![71] Eine wohlkalkulierte Absage, denn die verschlossene Tür heizt die Begierde des Liebhabers an. Warum Männer ihre Ehefrau nicht lieben? Ganz einfach: »... sie können zu ihr kommen, wann immer sie wollen.«[72]

Eifersucht – Der Liebestrank mit Zauberkraft

Von erheblich größerem Kaliber ist das Spiel mit der Eifersucht. Zugegeben, es ist ein Spiel mit dem Feuer, und der Grat, auf dem die Frau dabei wandelt, ist schmal. Aber der Ertrag steht oft genug in angemessenem Verhältnis zum Risiko. Zwei Varianten stehen dafür zur Wahl: der erfundene und der real existierende Nebenbuhler.

Konkurrenz belebt auch das Liebes-»Geschäft«. Nach diesem Prinzip hatten zumindest professionelle Kurtisanen keine Bedenken, aus der Eifersucht eines Liebhabers im wahrsten Sinne des Wortes Kapital zu schlagen. »Solange er gewiß ist, daß dich allein hat, ermattet seine Begierde, und du wirst seine Sklavin, obwohl du seine Gebieterin sein könntest«, klärt die erfahrene Hetäre Ampelis ihre junge Kollegin auf, die die Feuer-und-Wasser-Strategie noch nicht richtig beherrscht. Sie erzählt ihr von ihrem einstigen Liebhaber Demophantes, einem wohlhabenden, aber knausrigen Bankier, der sich zudem auch nicht gerade durch besondere Leidenschaft ausgezeichnet habe: Kein Seufzen, kein Weinen, keine Besuche zu später Nachtzeit – kurzum, ein ziemlich lauer Verehrer.

Das änderte sich erst, als sie ihn einmal nicht einließ, weil der Maler Kalliades »meine Tür mit zehn Drachmen geöffnet hatte«. Von Stund an begann Demophantes lichterloh zu brennen. Er heulte und tobte, drohte, sich umzubringen, wenn sie ihn nicht »erhöre«, stürzte sich leidenschaftlich auf die Dame, riß ihr die Kleider vom Leibe – und blätterte der ob des Leidenschafts-Anfalls hocherfreuten Ampelis einen ordentlichen Batzen Geld hin, um sie für acht Monate allein zu besitzen. Völlig unverständlich für die Ehefrau des Demophantes! Die setzte das Gerücht in die Welt, Ampelis habe ihren Mann durch einen Liebes-Zaubertrank wahnsinnig gemacht. Die Wahrheit war viel unspektakulärer: »Der Liebestrank war weiter nichts als die Eifersucht«[73].

Was der gewerbsmäßigen Dirne recht war, sollte anderen Frauen, die ihren Verehrer aus anderen Motiven an sich binden wollten, billig sein – meint Ovid und empfiehlt seinen Leserinnen (mit reichlich schlechtem Gewissen wegen seines »Verrats« an den Geschlechtsgenossen[74]), hin und wieder zum taktischen Mittel des Nebenbuhlers zu greifen. Erst wenn der feste Freund merkt, daß er ihr Bett mit einem Rivalen teilen muß, wird das Feuer wieder in ihm aufflammen: »Läßt solche Kniffe du weg, welkt eure Liebe dahin.«[75]

❖

Angesichts der Ratschläge männlicher Experten:
Doch nur die halbe Wahrheit…
Doch euch fällt es leicht, auf Lug und Trug zu sinnen:
das ist ein Handwerk, das die Frau schon immer beherrscht hat.

Properz II 9,31f.

❖

Ganz so sicher ist sich Ovid seiner Sache hier wohl nicht. Der vollmundigen Behauptung in der »Liebeskunst«, richtig entflammt sei er nur, wenn er »gekränkt«, also betrogen werde, steht seine flehentliche Bitte in einer der Liebeselegien entgegen, Corinna solle doch wenigstens die Spuren des Rivalen in ihrem Bett tilgen. Täusche mich, täusche mich!, fleht er sie an; streite alles ab! – und wenn es noch so offensichtlich ist: »... als Geschenk nehme ich Lüge und List.«[76]

Heute wird gefensterlt! – Kleine Tricks erhalten die Leidenschaft

Weniger anstößig ist da ein anderes Rezept im Dienste der Feuer- und-Wasser-Strategie. Um der Liebesbeziehung ab und zu wieder den nötigen »Kick« zu geben, bietet sich auch ein bißchen Theaterspielen an – wobei der Liebhaber natürlich nicht merken darf, daß in Wirklichkeit eine Posse abläuft, wo er ein fast tragödienhaftes Geschehen vermutet.

»Lust, die uns ohne Gefahr zuteil wird, ist nicht so willkommen«[77], weiß Ovid und schlägt deshalb der Dame ein paar dramatische Einlagen beim Besuch des Liebhabers vor. Auch wenn nichts dagegen spricht, daß er die Tür benutzt, sollte sie ihm hin und wieder diesen Komfort versagen – und ihn

mit ängstlicher Stimme und furchtsamem Gesichtsausdruck zuflüstern, er solle vorsichtshalber durchs Fenster in ihr Zimmer steigen...

Und auch *während* des Schäferstündchens läßt sich ein hochdramatischer Zwischenfall inszenieren. Eine Sklavin, die mit im Bunde ist, reißt urplötzlich die Tür auf, atemlos, entsetzt, und ruft: »Wir sind verloren!« Woraufhin dem Liebhaber die Furcht vor Entdeckung in alle Glieder fährt und er sich eiligst in ein Versteck einweisen läßt.[78] Dort wartet er dann klopfenden Herzens in ungemütlicher Stellung – »in einer Kiste schmählich eingeschlossen..., so daß du mit den Knien deinen eingezogenen Kopf berührst«, schildert Horaz diese wenig galante Situation[79] – ab, bis die Gefahr vorüber ist – die gar keine war! Aber es sind bekanntlich solche gemeinsam durchlittenen Abenteuer und Gefahren, die ein Liebespaar zusammenschweißen...

All die Tricks des Hinhaltens und der bewußt geschaffenen Unsicherheit, der Luststeigerung über Risikofaktoren und der kalkulierten Verweigerung müssen allerdings wohldosiert angewendet werden. Die Feuer-und-Wasser-Strategie steht immer in der Gefahr, ins Gegenteil umzuschlagen und Verdruß statt Verführung zu bewirken. Deshalb steht am Schluß dieser Variante die notwendige Relativierung: »Doch neben all diese Angst soll sorglose Wonne auch treten, daß er nicht denke, zu hoch seien die Nächte erkauft.«[80]

Gut zu wissen: Daß die *Venus secura,* die »sorglose Liebe«, immerhin das Ziel weiblicher Verführungskunst bleibt, deren verschiedenartige Methoden wir in diesem Kapitel nachgezeichnet haben.

Komplizen, Spielverderber, Instrumente?

❖

Vom Umgang mit Dritten im erotischen Raum

»Bestich sie mit Versprechungen!« – Die Sklavin als »Agentin«

Die klassische Liebesbeziehung ist auf zwei Personen hin angelegt, jedenfalls im herkömmlichen und heute noch allgemein akzeptierten Sinne. Ovid stellt da keine Ausnahme dar. Auch er denkt ganz wesentlich in den Bahnen traditioneller Zweierbeziehungen, und zwar – was für die Antike so selbstverständlich nicht war – im Rahmen eines Verhältnisses zwischen Mann und Frau. Homosexuellen Partnerschaften kann er nur wenig abgewinnen.

Nun besagt freilich schon eine Binsenweisheit, daß man nicht allein auf der Welt ist. Und auch Liebespaare und solche, die es werden wollen, müssen sich, so bitter und störend es auch sein mag, der Erkenntnis beugen, daß die holde Zweisamkeit gelegentlich recht unsanft durch Einbrüche oder Einbruchsversuche von Seiten einer – meist zu Recht beargwöhnten – Außenwelt gestört werden kann. Auf der anderen Seite kann man ja durchaus einmal auf eine dritte Person angewiesen sein, kann mit ihrer Hilfe die Beziehung gefestigt oder sogar erst aufgebaut werden. Wie zumeist im Leben, liegen also Gefahren und Chancen dicht nebeneinander. Grund genug für einen seriösen Erotik-Ratgeber, auch diese gewissermaßen Hinterkopf-Seite eines jeden Tête-à-Tête in den Blick zu nehmen.

Unterschätze nie das Personal!, ist Ovids zentraler Rat, was den

Umgang mit Sklavinnen seiner Geliebten angeht. Vor allem im Stadium der Werbung kann der »gute Draht« zu der – einzigen oder wichtigsten – Vertrauten der Dame der entscheidende Türöffner sein. Sei es, daß die »Konkurrenzsituation« recht prekär ist und man jeden Wettbewerbsvorteil – auch in Form wichtiger Informationen – nutzen muß; sei es, daß sich die Angebetete spröde gibt oder auf Zeit spielt und man diese Hinhaltetaktik kontern muß; sei es, daß es aus anderen Gründen – möglicherweise sogar wegen »übertriebener« Schicklichkeitsansprüche der Dame an sich selbst – schwer fällt, überhaupt an sie heranzukommen – in allen Fällen kann es nur von Vorteil sein, über ein »Trojanisches Pferd« im Hause, ja im Schlafzimmer der »Herrin« zu verfügen.

Der erste Schritt auf dem Weg dahin ist das Kennenlernen der Sklavin.[1] Darauf erfolgen vertrauensbildende Maßnahmen auf beiden Seiten: Der Liebhaber muß herausfinden, welchen Einfluß die Sklavin hat, ob er sich auf ihre Diskretion verlassen kann und ob es möglich ist, aus ihr eine regelrechte Komplizin zu machen.

Die Sklavin dagegen wird testen, wie ernst der Liebhaber es meint. Sie kann das an seiner Freundlichkeit und seinem Charme ihr gegenüber festzustellen versuchen. Der entscheidende Gradmesser aber ist die Großzügigkeit des Herrn. »Diese sollst du durch Versprechungen, diese durch Bitten bestechen«, rät Ovid deshalb, hält sich aber mit direkten Empfehlungen für materielle Geschenke vornehm zurück.[2]

Er kann jedoch sicher sein, daß dies jedermann auch unausgesprochen klar war: Welche Sklavin hätte nicht die Chance genutzt, ihr karg bemessenes Taschengeld oder kleines persönliches Vermögen (peculium) auf diese Weise aufzubessern? Tatsächlich zeigen vergleichbare Situationen aus der Komödie, wo selbst der Zugang zu käuflichen Damen mitunter nur über ihre Dienerinnen führte, daß Sklavinnen verständlicherweise gern die Hand aufhielten. Und daß die Herren sich durchaus spendabel zeigten: »Er selbst fordert zum Fordern auf«, berichtet eine erstaunt und fügt erfreut hinzu: »Aus vollem Beutel spendet er, denkt nicht daran, was er verliert«[3]. Es mußte freilich nicht unbedingt schnöder Mammon sein, der da für eine gewisse Modifikation der Loyalitätsbande den Besitzer wechselte: Schöne tropfenförmige Ohrgehänge taten's auch ...[4]

Die Versuchung am Rande: Techtelmechtel mit der Zofe

Es gibt noch eine weitere Möglichkeit, sich die Sklavin geneigt zu machen, verrät Ovid seinen Lesern, warnt aber zugleich eindringlich vor den Risiken und Nebenwirkungen dieser Taktik. Ein gefährliches, ein Hazard-Spiel fürwahr, wie beim Würfeln:[5] Erst einmal die Dienerin zu verführen, um so an die Herrin heranzukommen.

Daß dafür nicht jeder geboren ist und nicht jeder über das Aussehen verfügt, das diese Korruptionsvariante für eine Sklavin interessant macht, wird dabei stillschweigend vorausgesetzt. Nur der charmante Verführertyp, der klassische »Ladykiller« wird hierbei zum Zuge kommen.

Aber soll er auch? Schwierig, schwierig, befindet unser Lehrmeister und rät zu Einzelfall-Entscheidungen. Denn die eine Dienerin könnte ein solches Techtelmechtel durchaus anspornen; die würde sich dann bei der eigentlichen Werbung ordentlich für den reizenden Herrn ins Zeug legen. Eine andere dagegen könnte erst recht die Hände in den Schoß legen: Warum soll sie den jungen Mann an ihre Herrin »abtreten«? Also: Eine heikle und kaum kalkulierbare Sache, bei der sich Risiko und Erfolg die Waage halten – aber vielleicht sollte man doch besser von dieser Methode Abstand nehmen![6]

Was nicht ausschließt, daß man sich in die adrette Person, während sie Briefchen hin und her trägt und sich bei der Kontaktanbahnung auf manch andere Art als nützlich und eifrig erweist, unversehens verguckt – ihr Körper *und* ihr Eifer könnten solche Signale aussenden. Dann wäre es, läßt Ovid durchblicken, schon etwas schade, eine solche Gelegenheit ungenutzt vorübergehen zu lassen. Man reibt sich verdutzt die Augen: Wie kann ein einigermaßen seriöser Liebesberater augenzwinkernd dafür werben, solche Abenteuer gewissermaßen als Abfallprodukte seiner feurigen Liebeswerbung »mitzunehmen«?

Die Erklärung für derartige amouröse Mitnahmeeffekte liegt in der sozialen Stellung des Dienstmädchens. Unfreie hatten kein Recht auf sexuelle Selbstbestimmung. Sie mußten ihren Herren jederzeit zu Willen sein, wenn die Lust auf sie verspürten.[7] Natürlich nicht fremden Herren – aber der Respekt vor Menschen, die innerhalb ihres Abhängigkeitsverhältnisses sozusagen sexuelles Freiwild waren, war in der gesamten Gesellschaft denkbar gering. Ein kurzes Vergnügen mit einer Sklavin (die damit einverstanden war) »zählte« somit eigentlich nicht, hatte jedenfalls ein ganz anderes Gewicht als sexuelle Kontakte zu freien Frauen und mußte nicht automatisch Grund für Eifersucht sein.

Daher auch Ovids Rat, sich die Sklavin unter Umständen als Geliebte neben der Geliebten zu halten.[8] Daß dabei unterschiedliche Bedürfnisse des Mannes »abgedeckt« wurden, braucht er nicht zu erwähnen: römischen Lesern war das klar. Natürlich muß diese Beziehung geheim bleiben, denn angenehm überrascht dürfte wohl keine Frau über solch eine »Nebenbeziehung« zu ihrer Sklavin sein. Und nur so taugt die Dienerin ja auch als unverdächtige Spionin – man darf ja schließlich nicht vergessen, warum man sich mit der Sklavin überhaupt eingelassen hat.[9]

Wer sich auf diesen doppelten amourösen Boden einläßt, darf allerdings keine halben Sachen machen. Extrem gefährlich wäre es, den Neben-Flirt mit der Sklavin nur mit halber Kraft zu betreiben und das begonnene Werk nicht zu Ende zu führen. Warum? Weil man damit eine Zeugin schüfe und sich einer möglichen Erpressung aussetzte! Anders, wenn sie in den Vertrauensbruch verwickelt ist: Als Mitschuldige wird sie schweigen, und der Mann hat umgekehrt eine Handhabe, Druck auf sie in dem ihm genehmen Sinne auszuüben.[10]

❖

Hierarchie der Frivolität?

»Fängst eine Liebschaft du an, treib mit der Magd es nicht gleich.«

Ovid, Liebeskunst I 386

❖

Tüchtiges Personal – aus Sicht des Verehrers...

Wer – auf welche Weise auch immer – die »Zofe« als Informantin gewonnen hat, sollte sie als Agentin geschickt führen. Eine wichtige Aufgabe dieser Vertrauten mit doppelter Loyalitätsbindung ist es, den richtigen Zeitpunkt auszuwählen, um den Liebhaber bei ihrer Herrin einzuführen. Dieser *kairós* hängt stark von der Laune der Dame ab: Ist sie heiter und fröhlich gestimmt, wird »der Gebieterin Herz leicht zu erobern sein«[11].

Aber auch in Abwesenheit des Mannes obliegt es seiner Agentin, Stimmung für den Verehrer zu machen. Bei der Morgentoilette kann sie ihrer Herrin vor dem Kosmetikspiegel oder beim Frisieren ins Gewissen reden: Nun werde es aber allmählich Zeit, den netten Herrn zu erhören, der ihr schon so lange den Hof mache. Ach, er vergehe förmlich vor Sehnsucht und Liebe, fast von Sinnen vor Leidenschaft sei der arme Kerl! Dazu einige überzeugende Worte über seine Qualitäten – das sollte reichen, um den ersehnten Kontakt endlich herzustellen.[12]

Nicht nur in rein technischem Sinne kamen besonders vertrauenswürdige eigene Sklaven oder Unfreie der »Herrin« als Überbringer von Liebesbriefen in Frage. Denn sie sollten während ihrer Mission nach Möglichkeit auch atmosphärische Details erkunden: Wie reagiert die Dame auf den Brief, welche innere Einstellung verrät ihre Miene? Und sie sollten durch geschickte Argumentation und Überzeugungskraft darauf hinwirken, daß eine möglichst unverzügliche Antwort erfolgte – so wie jene Nape, die Ovid rühmt, weil sie »erprobt ist in den Diensten heimlicher Nächte und erfinderisch, Winke zu geben [...]«[13]. Eine Erfolgsgarantie war natürlich auch das nicht. Selbst die tüchtige Nape drang nicht immer an das Ohr ihrer Herrin und mußte schon einmal mit »kläglichen Täfelchen« zurückkehren.[14] Was Wunder, wenn die gebildete Dame ihren Ovid gelesen hatte, der ihr zu einschlägigen Hinhaltetaktiken rät...[15]

... und aus Sicht der umworbenen Dame

In der »Liebeskunst« kann sie zusätzlich erfahren, nach welchen Kriterien sie selbst eine Sklavin oder einen Sklaven ins Vertrauen ziehen soll. Bei besonders delikaten Aufträgen wie dem Schmuggeln von Liebesbriefen am Ehemann vorbei muß man sich absolut auf den *Postillon d'amour* verlassen können. Bloß keinen frisch erworbenen Sklaven damit betrauen! – die Beweisstücke in den Händen unerprobter Liebes-Briefträger können in die Katastrophe einer schweren Erpressung führen, »ein elendes Joch für ewige Zeit«[16]. Auf der anderen Seite ist eine wirklich verläßliche Vertraute nicht nur als Postbotin nützlich; man kann ihr sogar den Liebesbrief diktieren – und kann damit bei einer eventuellen Entdeckung der Täfelchen durch den Ehemann mit Hilfe der Handschrift nicht der Untreue überführt werden...[17]
Neben Verschwiegenheit und Treue empfiehlt Ovid ein weiteres Qualifikationsmerkmal für eine Sklavin in erotischer Vertrauensstellung: Sie sollte nicht *zu* gut aussehen. Eine schöne Sklavin birgt stets das Risiko, daß sie ihre Herrin ohne deren Wissen ab und zu auf dem Liebeslager vertritt. Die Warnung kommt zwar im dritten Buch der »Liebeskunst«, das sich an die Frauen richtet, mit ganzen zwei Versen deutlich kürzer daher[18] als die ent-

sprechende, Pro und Contra abwägende Schilderung dieser Möglichkeit aus der Männer-Perspektive im ersten Buch. Sie erhält aber dafür ein um so stärkeres Gewicht, weil der Liebeslehrer sie an seine eigene amouröse Erfahrung bindet: »Mehrere Male vertrat sie ihre Herrin bei mir«, bekennt der Autor in der ersten Person Singular.

Wobei das natürlich ein rhetorischer Kunstgriff ist, um die Warnung lebendiger und realistischer wirken zu lassen, und kein autobiographisches Bekenntnis. Oder vielleicht doch? Mißtrauen regt sich bei der Lektüre zweier Parallel-Elegien aus der Feder unseres Dichters. Dort streitet er in dem einen, an seine Geliebte Corinna gerichteten Gedicht vehement ab, sie mit der »kunstvollen Zofe Cypassis« betrogen zu haben. »Läßt ein Herr sich herbei, zu kosen und buhlen mit Mägden?«, empört er sich vollmundig über die »haltlosen« Verdächtigungen Corinnas, und zu »streicheln die Haut, welche die Peitsche erst strich?«[19]

In der zweiten, für Cypassis bestimmten Elegie liest sich die kleine Affäre deutlich anders. Da bekennt er sich zu den »heimlichen Freuden« mit Cypassis – »gut paßt du zu deiner Herrin, besser noch paßt du zu mir« – und wundert sich nur darüber »wer die Vereinigung unserer Körper verraten« habe. Aber keine Angst!, ruft er der schönen Haarkünstlerin zu, ich habe alles abgestritten und bei der Venus geschworen, daß nichts daran sei. Und möchte für diesen Meineid auch ein wenig honoriert werden: »All dies tat ich für dich, du Bräunliche! Zahl du den holden Preis nun, Cypassis, an mich noch in der heutigen Nacht!«[20]

All das ebenfalls ohne persönlichen Erfahrungshintergrund? Sehr wahrscheinlich ja. Aber zumindest dem lyrischen Ich Ovids ist wahrlich nicht über den Weg zu trauen...

Als ein erhebliches Flirthindernis konnte sich ein anderer unfreier Bediensteter erweisen: der den Elegikern so verhaßte Wächter *(custos)*. Das war entweder der Sklave, der in wohlhabenden Häusern neben der Haustür seine Kammer hatte *(ostiarius)* und von dort aus kontrollierte, wer das Haus verließ und betrat. Oder es war ein ständiger Begleiter der Dame, dem der Ehemann dieses Amt übertragen hatte, damit er ihren Schutz und Komfort gewährleistete. Er hielt den Sonnen- oder Regenschirm über sie und folgte ihr ansonsten mit ein paar Schritten Abstand – jederzeit bereit, zu Diensten zu sein, wenn sie einen Wunsch hatte.

Und gleichzeitig war es seine Aufgabe – aber wer hätte diesen Argwohn laut geäußert! –, die Dame vor dummen Gedanken zu bewahren und fremde Kavaliere auf Distanz zu halten. Wenn eine Frau von solch einem »Wärter« begleitet wurde, war es außerordentlich schwer, unauffällig an sie heranzukommen. Auch sie selbst mußte dann sehr vorsichtig sein, und nicht jede »Abfuhr«, die sich ein forscher Galan unter solchen Umständen holte, war wirklich als »Abfuhr« gemeint, sondern beruhte auf der »lästigen Fürsorge« ihres Aufpassers.[21] Wie sehr der *custos* hauptsächlich als erotischer *Cordon sanitaire* diente, den der mißtrauische Ehemann um seine Gattin legte, geht aus der Tatsache hervor, daß häufig Eunuchen mit dieser Funktion betraut wurden. Die waren zumindest gegenüber amourösen Versuchungen immun und widerstanden möglichen Verführungskünsten ihrer Herrinnen – und ärgerlicherweise konnten sie sich deshalb wenig in die verbotenen Leidenschaften hineinfühlen, deren »Ausübung« sie ja eben verhindern sollten…[22]

Wächter als Stimulans und Herausforderung…

»Keinen gab's in der Stadt, der umsonst deine Frau zu berühren
Lust hatte, Caecilian, als es ganz frei ihm erlaubt.
Aber jetzt, da du Wächter bestellt, ist riesiger Zulauf
von Bewerbern für sie. Bist doch ein pfiffiger Kerl!«

Martial I 73

❖

Gerade die persönlichen Wächter hingen manchmal wie Kletten
an ihrem »Mündel«. Mit Argusaugen verfolgten sie jede Bewegung der Dame. Und das machte selbst vor deren Schlafzimmer nicht halt. Sie bewachten ihr Schlafgemach und verwehrten
jedem Unbefugten den Zutritt – überaus aufmerksame »Käm-
merer«, auf denen oft erhebliche Sanktionsdrohungen von Seiten ihrer Herren lasteten: »… mit Kerker und ewigen Ketten,
schließlich noch mit gewaltsamem Hungertod« drohte ein ra-
biater Ehemann dem Wächter seiner Frau, »wenn jemand auf
der Welt sie auch nur im Vorübergehen mit der Fingerspitze be-
rühre…«[23]. Wer derart unter Druck steht, nimmt seinen Wachdienst ernst.

Wie man einen Wächter ausschaltet

Man darf den *custos* als Gegner nicht unterschätzen, gibt Ovid
seinen Liebesschülern zu verstehen.[24] Ein Grund für Resignation
ist das indes nicht. Es gibt schon Mittel und Wege, auch mit solch
einem professionellen Spielverderber fertigzuwerden.
Am leichtesten ist es, Botschaften am Wächter vorbei außer
Haus zu schmuggeln. Zumindest wenn die Dame sich wäscht, ist
der Aufpasser ja nicht dabei. Wohl aber eine vertraute Sklavin,
und die kann ein Schreibtäfelchen »an der wärmenden Brust«

versteckt hinausbringen oder kann sich Papyrusstücke an die Wade binden. Selbst wenn Leibesvisitationen drohen, die sich auf diese Verstecke ausdehnen, bleibt noch ein Weg: »Als Schreibfläche leihe dann ihren / Rücken die Mitwisserin, trage die Worte am Leib.«[25]

Ist so einmal der Kontakt zu einem Liebhaber hergestellt, findet sich auch eine Gelegenheit zum verschwiegenen Rendezvous – ohne den Wächter, versteht sich. Denn da gibt es einige Freiräume, in die er einfach nicht eindringen darf. Einer dieser klassischen Freiräume ist die religiöse Sphäre. Von manchen Privatkulten waren Männer gewissermaßen per Satzung ausgeschlossen; der Isis-Kult gehörte ebenso dazu wie der Kult der Bona Dea. Kein Gedanke daran, daß ein männliches Wesen den Tempel dieser Göttin betrat – es sei denn, rät Ovid augenzwinkernd, der Mann sei dorthin von einem Mädchen bestellt worden. Das verstieß zwar gegen kultische Vorschriften, eröffnete aber ein völlig ungestörtes erotisches »Spielfeld«[26].

Amouröse Gelegenheiten bietet auch das Bad. Natürlich darf der Wächter nicht mit hinein – das wäre in höchstem Maße unschicklich und schüfe eine Situation, die ja durch seine Aufmerksamkeit gerade nicht entstehen soll. Und während der »Anstandsdiener« draußen brav die Kleidung seiner Herrin bewacht, ergötzt diese sich drinnen an mancherlei »heimlichen Freuden«[27].

Über die Zeiten aktuell ist auch der Trick mit der kranken Freundin. Einen Besuch bei der Ärmsten kann auch der strengste Wächter nicht verbieten. Mag er sich auf dem Weg dahin wie eine Klette an seine Schutzbefohlene heften – zum Krankenlager einer fremden Frau hat er natürlich keinen Zutritt. Und egal, ob die eingeweihte Freundin kerngesund ist oder tatsächlich leidend – so krank ist sie nicht, daß sie nicht für einige Zeit »ihr Bett gerne räumt«[28].

Gute Gelegenheiten, aus den Augen des Wächters urplötzlich zu entschwinden, bieten Massenveranstaltungen. Wo Tausende oder Zehntausende hindrängen, gibt es hier und da eine Lücke im Menschengewühl, um Aufpasser – ganz zufällig selbstverständlich – zu »verlieren«. Also nichts wie hin zu den Circusspielen und den Theateraufführungen, empfiehlt Ovid flirtwilligen Damen[29] – und löst damit gewissermaßen sein eigenes Versprechen gegenüber den Männern ein, daß diese Show-Veranstaltungen hervorragende Jagdgründe für ebenso flirtwillige Herren seien…[30]

Honorar fürs Wegschauen

Eine ganz andere, keineswegs aussichtslose Strategie, das Hindernis Wächter beiseite zu räumen, ist der direkte Angriff auf seine Integrität und sein Selbstverständnis. Das althergebrachte Mittel, die Loyalität eines Menschen gegenüber seinem Arbeit- oder Auftraggeber zu erschüttern, ist die Bestechung. Auch im Falle eines lästigen Sittenwächters kann es Wunder wirken: »Was wird der Kluge wohl tun, da selbst Dumme sich über Geschenke freun?«, wirbt Ovid für diesen Weg und beantwortet die Frage selbst mit beeindruckender Schlichtheit: »Er wird das Geschenk nehmen und hält dann den Mund.«[31] Wobei Großzügigkeit auf Seiten des »Verführers« durchaus angebracht ist: Gleich beim ersten Mal sollte er ein ordentliches Honorar fürs Weggucken springen lassen. Das verpflichtet den Bestochenen und macht ihn geneigt, auch weiterhin die Hand auf und den Mund zu halten…[32]

Ist es nicht schön, wenn auf diese Weise die Ersparnisse eines vom Schicksal wahrlich nicht begünstigten Sklaven wachsen und sich damit sogar die Chance eines Freikaufs eröffnet? »So geh vor und alsbald hast du die Freiheit erkauft«, führt unser Erotik-Lehrer einem Wächter den Erfolg seines Handelns (oder besser Nicht-Handelns) anschaulich vor Augen.[33] Geschenke beiseite zu legen, wenn sich die günstige Gelegenheit dazu bietet[34] – das kann doch nicht ehrenrührig sein: Läßt sich nicht sogar Jupiter durch Geschenke gnädig stimmen, lassen sich die Götter nicht ebenso wie die Menschen bereitwillig von Geschenken erobern?[35] Im römischen Religionsverständnis, dem ein *do, ut des*-Verhältnis (»ich gebe, damit du gibst«) zwischen Menschen und Göttern durchaus nicht fremd war, scheint dieses Argument so abwegig nicht…

»Sorgenlöser« Wein löst auch der Verliebten Sorgen

Freilich sind nicht alle Wächter korrupt, und deshalb muß man gegebenenfalls zu anderen Waffen im Nahkampf um die Flirt-Gelegenheit – und vielleicht mehr – greifen. Lyaeus heißt hier eine Zauberformel, die den Aufpasser von dem zu befreien spricht, was alle Menschen, den einen mehr, den anderen weniger, plagt: die ganz alltäglichen Sorgen. Lyaeus ist ein Retter, ein »Sorgenlöser«, wenn man den griechischen Begriff übersetzt. Und das ist nichts anderes als ein sprechender Beiname des Weingottes Bacchus.

Wer Geld widerstehen kann, muß nicht auch der Verführungskraft des Weines gewachsen sein. Und so lassen sich allerlei Gelegenheiten denken, wo man zum Beispiel aus einem sozialen Impetus heraus – warum soll man nicht auch mal gemeinsam mit einem Sklaven einen guten Tropfen trinken? – den Aufpasser auf ein Gläschen Wein einlädt. Und, wenn das eine Gläschen noch nicht reicht, um dessen Sorgen zu lösen, auch noch ein zweites oder drittes Gläschen nachschenkt. Allmählich läßt sich so »die Sorgfalt des Wächters… unwirksam machen«, und man kann dann zu Trauben übergehen, die »nur auf den spanischen Höhen«[36] gelesen wurden: Die Billig-Importe von der Iberischen Halbinsel garantieren die beabsichtigte Wirkung ebenso wie ein teurer Falerner.

Solche »Wein-Angriffe« auf Wächter hatten im übrigen – zu-

mindest in der Komödie – eine lange Tradition im Bereich der käuflichen Liebe. Wenn der habgierige Kuppler *(leno)* – heute spräche man etwas vornehmer vom »Club-Besitzer« – seine »Damen« vor Kontakten mit ihnen zwar sehr genehmen, aber finanzschwachen jüngeren Herren »schützen« wollte, stellte er einen Wächter oder eine Wächterin vor die Tür, die unerwünschte Kavaliere verscheuchten. Das gelang freilich nicht immer – vor allem dann nicht, wenn eine Wächterin wie die alte Leaena »Sorgen« plagten und freundliche Menschen sich mit einem ganz reizenden Begleiter einstellten, »der dir, der Hustenden, Ausgetrockneten, Schläfrigen den Trunk bringt und den Durst zu löschen kommt«[37].

Die schon ins Kriminelle spielende Variante zur Wein-List ist die Ausschaltung des Wächters durch gewisse »Arzneien«, die man heutzutage als K.O.-Tropfen bezeichnet. Sie bewirkten im Nu tiefen Schlaf: Finstere Unterweltsnacht senkt sich auf die besiegten Augen...[38]

»Der elende Schwätzer wird es büßen!« –
Psycho-Angriffe auf den Wächter

Schließlich die »Psycho-Masche«, um den Wächter zur Einsicht zu bringen. Zur Einsicht? Genau das; denn diese Taktik zielt darauf, den Liebes-Störenfried zur freiwilligen Abkehr von seinen Spitzeldiensten zu bewegen.

Das gelingt, wenn man dem verblüfften Aufpasser klarmacht, daß seine besonders gute Pflichterfüllung eigentlich niemandem nutzt – ihm selbst nicht und nicht einmal seinem Auftraggeber! Schau ruhig einmal weg!, rät Ovid ihm; denk', es sei ein Brief ihrer Mutter; glaub daran, daß die Freundin krank ist; wirf besser keinen Blick hinter die Kulissen des Isis-Kultes; mach doch einfach ein Nickerchen, wenn sie mal länger ausbleibt! Die einzige Anstrengung, die dir damit abverlangt wird, ist zu schweigen – und etwas weniger Anstrengendes läßt sich wohl kaum denken.[39]

Und genau das verschafft einem das Wohlwollen aller! Das der Herrin allemal: Sie ist froh über das Schweigen und wird sich gern erkenntlich zeigen, etwa auch durch eine allgemein gute Behandlung ihres Sklaven – denn das Herrenrecht erlaubt ihr ja auch gegenüber ihrem Aufpasser so manches! Daß auch der Liebhaber das Schweigen gelegentlich honorieren wird, ist selbstverständlich.

Aber der Auftraggeber?! Ich habe mal einen Sklaven gesehen, berichtet Ovid, dessen Beine von Fesseln bläulich angelaufen waren. Das war der Dank seines Herrn dafür, daß er ihm einen Fehltritt seiner Gattin »brühwarm« verraten hatte – von dem der gar nichts wissen wollte![40]

Solche Anschuldigungen sind keinem Ehemann willkommen. Entweder ist er so gleichgültig, daß er weghört – und damit verpufft die ganze »Petzerei« ungehört. Oder er liebt seine Frau, und dann richtet sich seine Wut zunächst gegen den Überbringer der schlechten Nachricht. Zumal die reizende Gattin ihren Mann kurze Zeit später vielleicht betört, entrüstet alles abstreitet und sich ihre wunderschönen Augen mit dicken Tränen füllen. Spätestens das wird den Ehemann umstimmen. Er wird ins Weinen einstimmen und ausrufen: »Der elende Schwätzer wird mir's büßen!«[41]

Soviel zum Lohn des Spitzels. Ist es da nicht viel angenehmer, sich für sein von (fast) allen Beteiligten sehnlichst erwünschtes Schweigen ab und zu belohnen zu lassen und den sozialen Aufstieg vom drangsalierten Unfreien zum »selbstbestimmten« Freigelassenen ins Auge zu fassen?

Eine bestechende Argumentation, gewiß. Zumindest in der Theorie. Denn in der Praxis war es gar nicht so leicht, die Tugendwächter zu ihrem Glück zu bekehren. Unser rhetorisch begabter Lehrmeister hat das am eigenen Leibe erfahren müssen: Denn auf die schwungvolle »Abwerbungselegie« II 2, die dem Wächter seinen wirklichen Vorteil so eloquent vor Augen stellt, folgt die Ernüchterung auf dem Fuße: *Ei mihi,* »Weh mir«, daß *du* die Herrin behütest, beginnt der erste Vers.[42] Und das ist nicht gerade ein Ausweis argumentativen Erfolges…

Störenfried Ehemann – sittengesetzlich geschützt

Einer, der in Sachen freie Liebe sozusagen der geborene Spielverderber ist, wird in der »Liebeskunst« nur eher beiläufig an einigen Stellen erwähnt: Der betrogene – oder noch zu betrügende – Ehemann. Wie das? – zumal angesichts seiner nicht zu übersehenden vorteilhaften Ausgangsposition als »Platzhirsch«?
Zum einen dürfte dahinter eine taktische Überlegung stehen. Das die »Liebeskunst« durchziehende Leitmotiv »Alles ist erlaubt, was Liebenden nützt und gefällt« war politisch alles andere als opportun. Die Familien- und Sittenpolitik des Augustus setzte auf stabile Ehen, aus denen möglichst viele Staatsbürger hervorgingen. Insbesondere wollte der Kaiser den »Sittenverfall« in den höheren sozialen Schichten stoppen, als deren Symptom er u. a. die hohe Zahl von Scheidungen ansah. Zwar galt, was er »seiner« Oberschicht an Moralität verordnete, nicht unbedingt für ihn selbst – wiewohl seine zahlreichen Liebschaften mit verheirateten Frauen nie der Wollust, sondern stets der Staatsraison dienten, wie aus seiner Umgebung verlautete[43] –, doch ging er wenigstens mit gutem Beispiel voran, wenn es um die Abstrafung sittlicher Verfehlungen ging.[44]
In diesem Klima empfahl es sich für Ovid nicht, stets auch noch ausdrücklich den Ehemann als Störfaktor zu benennen und so

noch mit großem verbalem Getöse zum Sturm auf das moralische Bollwerk Ehe zu blasen. Natürlich wußte jeder, der die »Liebeskunst« auch nur flüchtig in die Hand nahm, wie wenig ihm diese gesellschaftliche Institution am Herzen lag. Aber er mußte das ja nicht noch *expressis verbis* verkünden und damit den Zorn des Augustus über seine offensichtliche »Unterminierung« der sittlichen Standards noch anheizen.

Im Gegenteil weist Ovid sogar an mehreren Stellen darauf hin, daß seine Ratschläge »natürlich« nicht für ehrbare, freigeborene römische Matronen bestimmt seien, die unter der Sittenhoheit von »Gesetzen, Kaiser und Scham« stünden[45]. Oh nein – nur diejenigen sollten sich von dem Erotiklehrer Ovid unterweisen lassen, »denen Gesetz und Scham, denen ihr Recht es erlaubt«[46]. Konkret gesprochen: Freigelassene Mädchen und Frauen, die nicht unter die strenge augusteische Sittengesetzgebung fielen[47] bzw. – so stellt Ovid es aus der Sicht des Exils dar – gar nur für *sehr* lockere, d. h. käufliche Damen *(meretrices)*.[48]

Das waren Lippenbekenntnisse, zu reinem Selbstschutz in die »Liebeskunst« eingeflochten. Daß Augustus sie als solche wertete, zeigt die Verbannung Ovids, die u. a. mit dem anstößigen *carmen,* der »Liebeskunst«, begründet wurde.[49] Wenn er noch an seinem Verbannungsort am Schwarzen Meer bestritt, »schamlosen Ehebruchs Lehrer geworden zu sein«[50], mochte er daran denken, wie »schonend« er den Ehemann doch in der »Liebeskunst« behandelt hatte, indem er ihn vergleichsweise selten erwähnte. Doch dürfte ihm das niemand, auch und gerade seine glühendsten Verehrerinnen und Verehrer nicht, abgenommen haben – denn natürlich kursierte die geistreiche, pikante »Liebeskunst« vorzugsweise in Kreisen der Oberschicht.

Ein ganz pragmatischer Grund kam hinzu: Was Ovid über den gewissermaßen »angestellten« Flirt-Verhinderer »Wächter« sagt, gilt natürlich auch für den »selbständigen«, den Ehemann. Jedenfalls soweit es das Täuschen und Hintergehen aller argusäugigen »Spielverderber« angeht, steht der »clevere Gatte« *(vafer maritus*) auf einer Stufe mit dem »wachsamen Hüter der Schwelle«[51]: die Listen, mit denen man den einen ausschaltet, tricksen auch den anderen aus.

An zusätzlichen Tips, sich des störenden Ehemannes listig anzunehmen, findet sich einmal die Aufforderung, ruhig in dessen Gegenwart mit seiner Frau zu schäkern – vorsichtig, versteht sich – bzw. die Dame zu animieren, ihren Gatten zwar »mit bescheidenem Blicke« zu begleiten und sich zu ihm zu legen, aber »heimlich den Fuß« des Liebhabers zu berühren.[52] Zum anderen ist die zielbewußte Alkoholisierung des Gatten eine probate Taktik oder auch die Täuschung, sich in sein Vertrauen einzuschleichen;[53] doch zielen diese Ratschläge vorwiegend auf die konkrete Situation des Gastmahls und stellen keine langfristig verfolgten Strategien dar. Die waren wohl angesichts des naturgemäß gespannten Verhältnisses zwischen Ehemann und Liebhaber reichlich illusorisch. Die beiden waren grundsätzlich auf Kollisionskurs, und daran ließ sich nicht viel ändern. Der Liebhaber hatte zudem das deutlich geringere Interesse daran: *Er* war ja im allgemeinen auf den Mann seiner Geliebten gar nicht eifersüchtig...

Gentlemen's agreement zwischen Liebhaber und Ehemann?

Immerhin: In einer seiner Elegien wirbt Ovid beim Ehemann seiner Freundin für den Gedanken einer friedlichen Koexistenz. Wenn die Gattin treu ist, braucht es, so Ovid, den Aufwand und das Mißtrauen nicht. Ist sie es dagegen nicht, wird sie einfallsreich genug sein, den Weg zu ihrem »Buhlen« zu finden. Warum ihren Körper unter strengste Verwahrung nehmen? *Adultera mens est,* gibt er seinem Gegenüber zu bedenken, es »buhlt doch ihr *Denken*« – und das kann man nicht einsperren![54]

Und dann schlüpft der Liebesdichter ganz in die Rolle des erfahrenen Pädagogen – völlig uneigennützig selbstverständlich: Gerade ein repressives Verhalten des Mannes fordere doch die Frau zu »Sünden« geradezu heraus. Verbote bewirken eher das Gegenteil; Verständnis und Vertrauen sind die richtigen Mittel, das »Erziehungsobjekt« zum erwünschten Verhalten zu bewegen: »Der, dem's zu fehlen erlaubt, fehlt weniger.«[55]

Ist sie das, die Basis eines für alle Beteiligten nützlichen *gentlemen's agreement*? Daß der Gatte großzügig über die Seitensprünge seiner Frau hinwegsieht und die Zahl ihrer Verfehlungen aufgrund dieser toleranten Reaktion allmählich zurückgeht.[56]

Ein bißchen einseitig erscheint die Lastenverteilung dabei selbst dem Urheber dieser Idee. Deshalb baut er seine Argumentation vorsichtshalber noch mit anderer Stoßrichtung aus: Wer trägt denn überhaupt die »Schuld« daran, wenn wir uns auf einen Flirt mit einer fremden Frau einlassen? Keineswegs ihr hübsches Gesichtchen ist die Ursache dafür; »nein nur daß der Gatte / in sie verliebt ist«, weckt die Begehrlichkeit, und »man sucht, was wohl für Reize hier sind«. »An dem, was dich berückt hat, muß doch etwas sein!«, hält er dem – vermutlich einigermaßen verblüfften – Gatten vor.[57]

Eh er sich recht versieht, fühlt sich der Ehemann auf die Anklagebank versetzt: *Sein* Behütungsgebaren, *seine* Eifersucht, *seine* Zuneigung – das sind die wahren Faktoren, die andere Männer anlocken. Je größer die Furcht vor Entdeckung, um so intensiver der »Kick« einer verbotenen Beziehung…: »… Es freut das unerlaubte Vergnügen, / einzig die ›Ich habe Angst!‹ sagen kann, reizt und gefällt.«[58]

Der nächste Angriff gegen den Ehemann zielt auf dessen Ehre als Mann: Wozu er überhaupt eine schöne Frau brauche, fragt Ovid maliziös, wenn sie ihm nur keusch gefalle?[59] Eine abenteuerliche Logik – und trotzdem ein Hieb, der sitzt. Unter der Gürtellinie auch ein weiteres »Argument«: Ob es ihm bei der Bewachung seiner Frau etwa vor allem darum gehe, daß der *Wächter* in seinem Beruf aufgehen und seine Tüchtigkeit durch »Verhinderungserfolge« unter Beweis stellen könne? »Soll sie zum höheren Ruhme deines Sklaven keusch sein?«[60]

Derart eingeschüchtert, kann der Ehemann am Ende froh sein, ein ganz honoriges Angebot von seinem Konkurrenten zu erhalten: Sei vernünftig, sei nachsichtig gegenüber den kleinen Eskapaden deiner Frau, sei kein Spielverderber mit grimmiger Miene und klammere dich nicht starrhalsig an die »Rechte des Mannes«! So wirst du dich von deinem »Beziehungsstreß« entlasten – und auch noch eine Menge neuer Freunde gewinnen; viele auch, die dir für dein bißchen Weggucken sehr verpflichtet sein werden. Ach ja, und noch etwas: »Zugang hast du dann stets zu der Jugend frohen Gelagen.«[61]

Kein Zweifel: Ein recht unkonventioneller Vorschlag, den Ovid dem betrogenen Ehemann da unterbreitet. In puncto Frivolität setzt er durchaus Maßstäbe; seine Praktikabilität in größerem Ausmaße wird man indes mit Fug bezweifeln dürfen...

❖

Sittenstrenge ade! – Ein Beitrag zum Frauenbild

(in augusteischer Zeit)

»Eher könntest du die Fluten des Meeres austrocknen

oder als Sterblicher die Sterne vom Himmel pflücken

als bewirken, daß unsere Frauen das Sündigen aufgeben.«

Properz II 32,49–51

❖

Vom Umgang mit dem Nebenbuhler

Kommen wir zum letzten potentiellen Störenfried im erotischen Raum, dem Rivalen bzw. der Rivalin. So überlegen der Elegiker über den Ehemann spotten mag, so wenig vergnüglich ist ihm zumute, wenn er unter echten Konkurrenzdruck durch einen Nebenbuhler gerät. Da hört dann das Verständnis für das Menschlich-Allzumenschliche an »Fehltritten« der Geliebten rasch auf. Die Klagen der Liebesdichter über diese unerträgliche Situation verstummen nicht. Im Gegenteil, sie eskalieren zu den heftigsten Attacken von Selbstmitleid und münden in sehr radikalen Einsichten: »In der Liebe ist auf niemanden Verlaß«, klagt Properz und richtet sein Mißtrauen selbst gegen seinen besten Freund. Weder Verwandten ist da über den Weg zu trauen noch Gastfreunden, weder guten Bekannten noch engsten Vertrauten.[62] Angst und Eifersucht sind allgegenwärtig – was angesichts des, sagen wir etwas schillernden – Treue-Begriffs seiner Freundin Cynthia verständlich ist. Aber muß sich die nagende Sorge wirklich auf Porträts junger Herren, auf das zarte Kind in der Wiege, ja auf die Mutter und Schwester der Geliebten erstrecken?[63]

Völlig überzogen!, kritisiert der Erotik-Lehrer Ovid solche irrationalen Ausbrüche leidenschaftlicher Eifersucht bei seinem Dichter-Kollegen Properz. Ganz der abgeklärte, professionelle Berater in Sachen Liebe, empfiehlt *er* statt dessen, ruhig zu bleiben. Kühlen Kopf zu bewahren, wenn ein ernstzunehmender Rivale auftaucht und es durchaus auch Indizien für »Absetzbewegungen« der Freundin gibt. *rivalem patienter habe!*, ruft er seinen Schülern zu, »nimm's geduldig hin, einen Rivalen zu haben!« – um dann wenig später einzugestehen, er sei in diesem Punkte »schwächer als mein Gebot«[64]. So einfach ist es offenbar doch nicht, den »Coolen« zu spielen!

Aber versuchen sollte man es! Nicht der Versuchung nachgeben, in ihrer Korrespondenz zu wühlen, ihr Kommen und Gehen zu kontrollieren, ihr den Flirt mit dem anderen bitter vorzuhalten – das bedeutet eine gewaltige Selbstüberwindung.[65]

Trotzdem rät Ovid, nicht den Fehdehandschuh aufzunehmen, sondern lieber den Kopf in den Sand zu stecken. Jedenfalls dann, wenn man den Wunsch hat, eine bestehende Liebesbeziehung zu erhalten. Dann dient das bewußte Wegschauen ab und zu gerade der Stabilität der Beziehung. Es wird bei vereinzelten Seitensprüngen bleiben, wenn man das Mädchen nicht in die Enge treibt. Fühlen die beiden sich ertappt, haben sie nichts mehr zu verlieren. Auch schweißt die Peinlichkeit der Situation sie fester zusammen: »Liebe wächst bei den Ertappten ... / ; dann stehen fest sie zu dem, was ihnen Ungemach schuf.«[66]

Der Beweis für diese psychologische Einsicht kommt in mythologischem Gewand daher: Es ist die berühmt-berüchtigte Ge-

schichte vom Ehebruch der Venus mit dem Kriegsgott Mars. Als der Ehemann der Liebesgöttin dem Treiben der beiden auf die Schliche kam, schmiedete er ein Netz, in dem sich die Liebenden bei ihrem nächsten Stelldichein verfingen. Vulcan, der empörte Ehemann, hatte nichts Besseres zu tun, als die übrigen Götter als Zeugen herbeizurufen. Welch ein Schauspiel, wie Venus und Mars da nackt, in Fesseln verfangen, auf dem »entweihten« Ehebett liegen, den Blicken der Götterschar und deren Spott preisgegeben! Und welch eine Riesentorheit Vulcans, den Skandal so offenkundig gemacht zu haben! Denn »künftig tun sie freier, / was sie versteckten zuvor, und alle Scham ist dahin«.[67]

So nicht!, beschwört Ovid seine Leser. Mit solchem Verhalten werdet ihr eure Beziehung nicht stabilisieren! Toleranz ist die einzige Möglichkeit, um mit der zugegebenermaßen schwierigen Situation »umzugehen«; nicht nachspionieren, nicht zur Rede stellen, nicht »ausrasten« – das solle man doch bitte Ehemännern überlassen...[68]

»Liebe zum fernen Freund flieht« – Wie man Rivalen anlockt

Wer zur »Geduld« nicht fähig ist, sozusagen nicht über defensive Qualitäten verfügt, sollte *im Vorfeld* einer möglichen Versuchung tätig werden. Am besten verhindert man Seitensprünge, indem man selbst präsent bleibt. So wichtig auch einmal zeitliche und räumliche Distanz zwischen den Partnern ist – das wird die Sehnsucht beflügeln, wird Routine verhindern helfen –, so gefährlich sind solche »Karenzzeiten«, falls sie zu lange dauern. Damit schafft man Versuchungen erst: »Liebe zum fernen Freund flieht, und eine neue zieht ein.«[69]

Denn nicht jede Frau hat das Treue-Format einer Penelope. Die meisten dürften sich eher am Beispiel Helenas orientieren. Sie mit Paris allein zu lassen, war eine Torheit des Menelaos. Daß die beiden sich in seiner Abwesenheit ineinander verliebten, kann man ihnen wahrlich nicht als Unrecht ankreiden. Was sollte Helena tun? Ihr Mann war nicht da, ihr Gastfreund kein »Bauer« *(rusticus)* – sollte sie da ängstlich im verwaisten Bett liegen? Nein, die Schuldfrage ist offensichtlich: »Ehebruch zwingst du (Menelaos) herbei, indem du die Zeit und den Ort gibst!«[70]

Ob Ovid an seinen eigenen Schuldspruch glaubt, sei dahingestellt. Aus ihm spricht mehr der Pädagoge als der frivole Sittenrichter: Das drastische Beispiel und die noch drastischere Beurteilung dienen dazu, die Gefahren zu illustrieren, die eine Vernachlässigung der Geliebten heraufbeschwört.

Wenn Männer untreu sind – sollten sie es leugnen

Nun gibt es freilich auch den umgekehrten Fall: Daß sich *der Mann* nicht an seine Treueschwüre hält und hier und da auf amouröse Abwege gerät. Ein Fall, der deutlich häufiger vorkommt, wie Ovid bereitwillig einräumt: »Häufig betrügen die Männer, die zarten Mädchen nur selten…«[71]

Auch für die Seitensprünge eines Mannes hat der Erotik-Lehrer Verständnis – viel Verständnis sogar.[72] Wer allerdings seine dauerhafte Beziehung nicht gefährden will, sollte diese Eskapaden unbedingt geheim halten. Diskretion ist das A und O des »eleganten« Seitensprungs. Konkret folgt daraus, daß man nicht die alten Verstecke benutzt, die der Lebensgefährtin wohlbekannt sind, daß man zeitlich flexibel ist, sich nicht durch »typische« Geschenke verrät – und vor allem nicht mit seiner neuen Eroberung renommiert! »Für eigene Schuld strebe man niemals nach Ruhm!«[73], schreibt Ovid allen ins Stammbuch, die hin und wieder auf sexuelle Abwechslung aus sind.

Auch noch aus einem anderen Grund empfiehlt sich strikte Geheimhaltung: die »Rache« des Mädchens für die Kränkung könnte darin bestehen, sich seinerseits nach anderen Partnern

umzusehen – und ob die Beziehung einen doppelten Vertrauensbruch aushalte, das sei doch sehr fraglich![74]
Und wenn's doch herauskommt? Leugnen!, rät Ovid. Und nicht gefälliger und beflissener sein als sonst – denn das verrät nur ein schlechtes Gewissen. Wohl aber läßt sich der Verdacht durch Taten ausräumen: Notfalls sind Zwiebeln und Lauch, Eier, hymettischer Honig und Piniennüsse geeignete Aphrodisiaka, um die Manneskraft auch bei doppelter Beanspruchung aufrechtzuerhalten![75]

❖

Patentrezept für vertrauensbildende Maßnahmen
Schon aber nicht deine Lenden! Der ganze Friede liegt darin:
Leugne durch Beischlaf, daß du mit einer anderen schliefst!

Ovid, Liebeskunst II 413f.

❖

Operation »Bündnis des Bettes« – Ovids riskante Seitensprung-Therapie

Nicht immer muß der Rivale, muß die Rivalin als Eindringling in eine feste Beziehung beurteilt werden. Konkurrenz auch hat ihre positiven Seiten: Sie kann sehr wohl zur Belebung einer etwas erlahmten Partnerschaft führen, neuen Schwung in ein Verhältnis bringen, das sozusagen erotisch vor sich hin dümpelt. Es ist, als wenn man in eine nur noch schwelende Glut pustet: die erloschene Flamme kehrt dadurch zurück.[76]
Bevor das Herz zu sorglos und stumpf wird, ist an solch eine – natürlich immer riskante – Therapie zu denken. Wenn sich dann Eifersucht bei der Frau einstellt, wenn sie dem Geliebten die Haare ausreißt, ihm das Gesicht mit den Nägeln zerkratzt – dann hat die Seitensprung-Therapie Erfolg gehabt. Und die Versöh-

nung gipfelt im »Bündnis des Betts«: »Sanft wird sie dann sogleich sein.«[77]

Ovid wäre nicht der um Fairneß berühmte Makler zwischen den Geschlechtern, wenn er diese unkonventionelle Chance einer neuen »Heroisierung« der Liebesbeziehung nur dem Mann als vorübergehende Neuorientierung anböte. Es fällt ihm zwar deutlich schwerer (und er faßt sich hier auch deutlich kürzer), doch räumt er auch der Frau diese Option ein: Der Rivale im Bett der Geliebten ist auch für den bisherigen Liebhaber ein Ansporn, sich wieder mehr ins Zeug zu legen. Schließlich bringt auch das Rennpferd erst seine volle Leistung, wenn es nach dem Start aus den Boxen seine Konkurrenten wahrnimmt und merkt, daß »es noch andere gibt, die es verfolgen und besiegen kann«.[78] Die dritte Person im erotischen Raum, das ist die Botschaft unseres Ratgebers, muß nicht von vornherein als Ärgernis und Störfaktor betrachtet werden. Sie kann sehr wohl – ob Ehemann oder Sklavin, Rivalin oder Konkurrent – eine Chance sein, die Beziehung zwischen den Partnern zu etablieren und zu festigen. Entscheidend dafür ist es, wie geschickt man damit umgeht: Erotisches *Know-how* kann den scheinbaren Nachteil sehr wohl in einen Vorteil verwandeln.

Militat omnis amans

Eine Daseinsform im Dienste der Liebe

Friedensbewegung unter dem Szepter Amors

Wenn alle so lebten wie wir, schwer vom Wein auf dem Speisesofa liegend, die Geliebte im Arm, den welken Blumenkranz
schräg auf dem Kopf, dann gäbe es kein grausames Schwert und
kein Kriegsschiff, keine nach der Seeschlacht im Meer treiben-
den Leichen und keine mit Strömen von Blut erkauften Triumphe. Dann wäre die Welt friedlich und der Lebensgenuß der Sinn
der Existenz. Wenigstens das müßte die Nachwelt rühmend an-
erkennen: »*Unser* Krieg hat die Götter nie verletzt!«[1]
Das erinnert an die Flower-Power-Zeit der späten 60er und
frühen 70er Jahre. Oder an die Schwerter-zu-Pflugscharen-Rufe
der 80er. *Make love, not war* – der Hippie-»Schlachtruf« ist nur
zeitlich, aber nicht gedanklich von dem Bekenntnis des Liebes-
dichters Properz zu seiner Lebensform weit entfernt. Das ist kein
Zufall. Wenn man es pointiert ausdrücken will und bereit ist, den
Vorwurf der »problematischen historischen Parallele« in Kauf
zu nehmen (die im übrigen stets »problematisch« ist), ggf. auch
noch den weiteren Tadel der »hemmungslosen« Aktualisierung
(die in der Tat stets die Hemmungen wissenschaftlich strenger
Methodik ablegen muß), dann kann man sagen: Die elegische
Generation, deren literarische Exponenten Gallus und – etwas
am Rande – Catull, Tibull und Properz und schließlich auch
Ovid waren, war in der Tat eine Protest- und Friedensbewegung.

Eine Friedensbewegung ganz besonderer Art freilich, die bei ihrem Credo keineswegs auf eine martialische Sprache verzichten mochte; die sich vielmehr zu Schlachten und Kriegsdienst, Waffen und Belagerungen, Strapazen und Wacheschieben, Angriff und Kriegslisten bekannte. Die aber genauso deutlich den tatsächlichen Krieg in der gewöhnlichen Bedeutung des Wortes verabscheute und sich sehr bewußt abseits stellte, wenn es um »echten« Soldatendienst ging. Die eingangs zitierte Properz-Stelle macht das unmißverständlich deutlich, und sie verzichtet auch nicht auf eine von Bitterkeit geprägte Anklage gegenüber denen, die die »wirklichen« Kriege zu verantworten hatten.

»*Unser* Krieg hat die Götter nie verletzt«, ruft Properz trotzig und stolz aus. Was heißt »unser«, wer ist das dahinter stehende »wir«? Wir – das sind zornige junge Männer der Oberschicht, die verbittert und frustriert sind über die politische Entwicklung Roms im 1. Jahrhundert v. Chr. mit ihren scharfen Rivalitäten zwischen wenigen Machthabern, ihren blutigen Bürgerkriegen und Proskriptionen, ihrer skrupellosen Demagogie, der Militarisierung selbst der tagespolitischen Auseinandersetzung, dem faktischen Untergang der Republik. Die einen sind enttäuscht, weil ihnen in diesen Wirren die erhoffte politische Laufbahn verwehrt wurde – vielleicht auch, weil sie gerade auf der falschen Seite standen –, die anderen sind der Verlogenheit und Heuchelei überdrüssig: Der traditionelle Wertekodex der altrömischen Tugenden, darunter Mäßigung und Eintracht, Bescheidenheit und Anstand, Solidarität zwischen den Bürgern und unbedingter Dienst für den Staat, gilt zwar weiterhin »offiziell« und wird von den Spitzen der Gesellschaft bei jeder Gelegenheit beschworen. Aber kaum noch einer handelt danach, jedenfalls nicht diejenigen, die die Macht in Händen halten. Bürgerkrieg in Rom? Das ist doch die Bankrotterklärung der überkommenen Leitvorstellung. Blutvergießen im innenpolitischen Führungsstreit? Das ist doch ein Hohn auf all die moralischen Werte, dank derer Rom – jedenfalls im Bewußtsein seiner Bürger – groß geworden ist!

Umwertung »staatstragender« Werte: Die elegische Rebellion

In den unsicheren, gewalttätigen Jahrzehnten des 1. Jahrhunderts v.Chr. tut sich mehr als jemals zuvor eine enorme Kluft zwischen Anspruch und Wirklichkeit auf – eine riesige Glaubwürdigkeitslücke, auf die manche Sensiblen und Nachdenklichen mit Protest und Verweigerung reagieren. Das ist keine breite Bewegung, die die Volksmassen erfaßt, aber es sind manche jungen Leute aus dem gehobenen Bürgertum und der aristokratischen Führungsschicht, die ein neues Denken verbindet. Der eine oder andere mag sich in die Innerlichkeit, in die Resignation eines stillen Rückzugs aus dem öffentlichen Leben, manche sich auch in besinnungslosen hedonistischen Lebensgenuß flüchten. Nicht so die Intellektuellen und Dichter der »elegischen Rebellion«: Sie artikulieren ihren Protest und tragen ihn in die Öffentlichkeit. Sie bekennen sich zu einer anderen Lebensform, die mit dem bisherigen Ideal vom Dienst an der Gemeinschaft über eine Karriere als Politiker, Anwalt oder militärischer Führer bricht. Dieser öffentliche Bereich ist durch die historische Entwicklung diskreditiert, das Wertesystem, das ihn trägt, zur bloßen Fassade erstarrt – verlogene, hohle Floskeln ohne Inhalt.

Das erlaubt es dem einzelnen, ja gebietet es ihm aus Sicht der kritischen Generation geradezu, seinen Lebenssinn in anderer Weise zu definieren. Auch ein Leben fernab von Politik und Kriegsdienst erscheint ihnen als erfüllt. Man darf sich mit sich selbst beschäftigen, darf über seine Gefühle sprechen – und das öffentlich und ohne schlechtes Gewissen!

Amore tuo moreor* ... amantem ... pereo, vita, in am(ore)... vita, amo te...Venus

Ich sterbe vor Liebe zu dir ... den Liebenden ... ich vergehe, mein Leben, vor Liebe ... mein Leben, ich liebe dich, ... Venus...

* für *morior*

Enttäuschung und Verdrossenheit werden offensiv in einer Umkehrung der traditionellen Werte artikuliert. Die Elegiker bekennen sich zur Liebe als Lebenssinn. Der Rechtfertigungsdruck, unter den die Gesellschaft sie stellt, wird genutzt, um neue Werte zu propagieren. Der Kunstgriff ist dabei, daß man nicht die alten Werte in Frage stellt, sondern sie »lediglich« inhaltlich neu definiert. Begriffe aus der Sprache der Politik wie *foedus* (»Bündnis«), *officia* (»Pflichten«), *amicitia* (»politische Freundschaft«) oder *fides* (»Zuverlässigkeit«) werden auf die persönliche Ebene umgelenkt: Die Liebesbeziehung wird zum neuen Bündnis. Ein neuer Raum entsteht, in dem althergebrachte Tugenden gefordert sind und sich sinnvoller verwirklichen lassen als im bisherigen politisch-sozialen Raum. Diese alternative Lebensform mit ihrer usurpierten Begrifflichkeit wirkt um so provozierender, als sie sich mit ihrem Bekenntnis zur freien Liebe auch noch ganz bewußt von der »bürgerlichen« Institution Ehe abwendet.

Liebesdienst *ist* Kriegsdienst

Diese Inanspruchnahme üblicher römischer Wertbegriffe macht vor der militärischen Sphäre nicht halt. Im Gegenteil. All denen, die die »Weichheit«, die »Trägheit« oder die mangelnde Mannhaftigkeit des elegischen Lebensentwurfs fernab von Politik und Lagerleben angreifen, schleudern die Jünger Amors ein selbstbewußtes *militat omnis amans* entgegen: »Krieger ist jeder, der liebt!«[2]

Von wegen Schlaffheit und Bequemlichkeit! »Amor haßt die Bequemen!«[3], weiß Ovid und geht Punkt für Punkt die Parallelen zwischen dem Krieger des Mars und dem Amors durch.[4]

Zunächst das Alter: So wie der Mann in der Blüte seiner Jahre besonders kriegstauglich ist, erwarten auch die Mädchen einen robusten und leistungsfähigen Krieger Amors. Strapazen müssen beide ertragen: Bei Wind und Wetter einsam vor der Tür der spröden »Herrin« zu wachen, sich von Schneeschauern und Regengüssen ebensowenig unterkriegen zu lassen wie von der Nachtkälte – das erfordert nicht weniger physische Kondition und Durchhaltevermögen als der Wachdienst im Lager. Ebenso die Mühen des Marsches: Wenn sich das Mädchen zu einer Reise entschlossen hat, wird der Liebende ihr klaglos folgen. Nicht Wolkenbrüche, nicht angeschwollene Flüsse werden seinen Einsatzwillen beugen, auch die gefährliche Fahrt übers Meer wird er der Frau zuliebe auf sich nehmen – so wie der Soldat das Letzte für seinen Feldherrn gibt.

Auch vor dem Kampf fürchtet sich der Krieger Amors nicht: Bricht der Legionär die Tore einer feindlichen Stadt auf, so wendet sich der erbitterte Liebhaber bisweilen mit Gewalt gegen die »grausame« Haustür und verschafft sich Einlaß in die Burg des »Feindes«. Oder er muß sich listig am Türhüter vorbei schleichen – wie der Soldat die Wachen überlisten muß, um ins gegnerische Lager einzudringen.

Der Feind – das kann schon mal die Geliebte sein, die sich abweisend gibt oder ihn hinzuhalten versucht. Es kann aber auch der Rivale sein oder der Ehemann: Ist das erbitterte Ringen mit diesen Nebenbuhlern kein Krieg?

Und muß man etwa nicht seine »seine Waffen schwingen«, wenn es heißt, den Schlaf des Ehemanns zu nutzen?[5] Das ist die nächste metaphorische Ebene, die die Elegiker »besetzen«: Die »Liebeskämpfe« mit ihrer Herrin sind *militia Amoris* oder *Veneris,* »Kriegsdienst«[6] für Amor bzw. Venus. Was sich da auf dem vermeintlich sanften Pfühl des Elegikers abspielt, sind heiße, heftige *rixae nocturnae,* »nächtliche Kämpfe«, oder *Veneris bella,* »Venuskriege«[7], in denen hart gerungen wird – eine Abfolge von Schlachten »auf einem schmalen Bett«, die der Kämpfer Amors ebenso zählt wie »der Soldat seine Wunden«[8].

❖

Kriegsgetümmel auf engem Lager

»Dann aber entbrennen die Kämpfe der Liebe, und eine Frau
    klagt über ihr zerzaustes Haar und ihre eingeschlagene Tür.
Sie weint, weil ihre zarten Wangen mißhandelt wurden.
    Doch auch der Sieger weint, weil seine rasenden Hände
                                        so gewalttätig waren.
Amor liefert mutwillig dem Streit böse Worte
    und sitzt gelassen zwischen dem zornigen Paar.«

Tibull I 10,53–58

»Cynthia freut sich an ihrer Beute, eilt als Siegerin zurück,
    schlägt mir mit dem Handrücken ins Gesicht,
drückt mir blutige Bißmale in den Hals . . .
Mit flehend erhobenen Händen unterwarf ich mich schließlich
                                        einem Waffenstillstand,
    wobei sie mir kaum erlaubte, ihre Füße zu berühren.«

Properz IV 8, 63–65; 71f.

❖

167

Das Bild vom »Liebeskrieg« wird von den Elegikern in immer neuen Variationen bemüht, natürlich auch die passenden Metaphern vom »Triumph«, von der »Beute« (das können z. B. die vom Körper gerissenen Kleider sein) und von den »Waffen« (so kann es ziemlich peinlich werden, wenn man »unbewaffnet« vom Mädchen ertappt wird[9]). Zum *sermo amatorius,* der spezifischen »Sprache der Liebenden«, gehören Begriffe wie *capere* und *captare, vincere* und *resistere, repugnare* und *se tradere* ganz selbstverständlich (»erobern, besiegen, Widerstand leisten, sich ergeben«). Diese Vergleiche liegen nahe und beschränken sich auch nicht auf die elegische Dichtersprache, sondern sind umgangssprachlich nicht nur aus dem Lateinischen bekannt.

Die elegische Generation aber hat die Vorstellung von der Liebe als Kriegsdienst gewissermaßen als Konzeption systematisiert und sie nicht nur auf der oberflächlichen Vergleichsebene belassen. Das Neue und Provokante war die *message,* ihre eigene Lebensform damit zu beschreiben und sie von der überkommenen Lebensform des »Römertums« gerade mit Hilfe dieser Terminologie polemisch abzugrenzen. Es war mehr als nur ein anregendes literarisches Spiel mit anschaulichen Metaphern und eingängigen Parallelen, das sie am Dienst unter dem Kriegsherrn Amor Gefallen finden ließ. Es waren vielmehr Überzeugung, Lebensgefühl und existentielle Erfahrung, daß dieser Kriegsdienst ungleich humaner, ja – so paradox es klingen mag – friedlicher war als jede *militia* im eigentlichen Sinne.

»Auf *diesem* Gebiet bin *ich* ein guter Offizier, ein guter Soldat!«, stellt Tibull in seiner programmatischen ersten Elegie fest und fügt hinzu: »Fort mit euch, Fahnen und Trompeten!«[10] An anderer Stelle verflucht er den, »der als erster die furchtbaren Schwerter schuf... Für die Menschheit war das der Anfang des Tötens und der Schlachten«. Konsequent lehnt er es für sich ab, tapfer in *dieser* Art des Krieges zu sein.[11]

Ganz ähnlich auch das mutige Bekenntnis des Properz: »Für Ruhm, fürs Kriegshandwerk bin ich nicht geschaffen: Minnedienst ist mein Schicksal« *(hanc me militiam fata subire volunt)*[12]. Und mit trotziger Schroffheit zieht er auch die Konsequenz daraus. Kinder zu zeugen kommt für ihn nicht in Frage: »Warum soll ich Söhne für Triumphe über die Parther liefern? Keiner, der mein Blut hat, soll je Soldat sein!« Ganz anders, wenn es um den »wahren Feldzug« geht: Seiner geliebten Cynthia würde er überallhin folgen![13]

Der Dichter und seine *domina:* Ein Beitrag zur Frauenemanzipation?

Gewiß, Ovid ist in mancherlei Hinsicht ein »elegischer Epigone«. Das existentiell Aufwühlende, die authentische Glaubwürdigkeit eines Properz und eines Tibull fehlt seiner Dichtung. Das Spielerische, Heiter-Ironische, man könnte auch sagen: das Locker-Undogmatische beherrscht seine erotischen Werke. Aber die erfreuten sich bei seinen Zeitgenossen größter Beliebtheit, und die Stimme des populärsten Dichters seiner Zeit wurde gehört. So propagierte auch er wirkungsvoll die friedliche elegische Lebensform, die allem wirklich Kriegerischen abhold war. Zwar hatten sich die Verhältnisse im Rahmen der politischen Konsolidierung des frühen Prinzipats geändert, und zumindest ein Teil der Protestgrundlage der elegischen Generation war damit weggebrochen. Doch heißt das nicht, daß die von den Elegikern vertretenen Ideen nicht weiter in die römische Gesellschaft hineingewirkt hätten. Es scheint durchaus, als habe ihre Haltung dem weiblichen Geschlecht gegenüber zu einer gewissen Liberalisierung und einem größeren Bewegungsspielraum der Frauen in der Kaiserzeit beigetragen. Von Emanzipation oder Gleichberechtigung war diese Entwicklung noch weit entfernt. Aber zumindest die *unbedingte* Vorrangstellung des Mannes war damals ein wenig ins Wanken geraten. An diesem vorsichtigen Aufbrechen der verkrusteten Strukturen hatten die Elegiker ihren Anteil. Wenn sie von ihrer Geliebten als *domina,* »Herrin«, sprachen, ging damit eine höhere Einschätzung der Frau einher – auch wenn man den auf den erotischen Raum bezogenen Begriff nicht überstrapazieren sollte. Ebenso, wenn sie sich bereitwillig dem *servitium Amoris,* dem »(Sklaven-)Dienst Amors«, stellten und sich gegenüber ihren »Herrinnen« als rechtlose Sklaven *(servi)* ausgaben. Undenkbar, daß sich hundert Jahre früher ein Römer so »erniedrigt« hätte! Völlig ausgeschlossen, daß er sich in allgemein verbreiteter Poesie vor der gesamten römischen Öffentlichkeit so klein gemacht hätte! Wenn das in augusteischer Zeit – natürlich auch mit einem gewissen relativierenden Augenzwinkern – hingenommen wurde, ja ausweislich der »Bestseller«-Qualitäten einer »Ars amatoria« und ihres literarischen Erfolges sogar riesigen Beifall erhielt, dann hatte sich in der Mentalität der Römer schon einiges geändert.

Wem das *servitium* gegenüber einer Frau zu vollmundig und un-
realistisch erschien, dem bot der Liebeslehrer Ovid eine alltäg-
lichere Variante an: das *obsequium*. Dazu gehörte all das, was wir
unter »Kavaliersdiensten« verstehen, pardon: verstanden, bevor
zumindest eine bestimmte Spielart feministischen Emanzipa-
tionsbestrebens dies als »patriarchalisch« o. ä. brandmarkte. Gemeint sind das Aufspannen eines Sonnenschirms für die Dame,
das Freihalten eines Platzes, das Abschirmen gegen eine andrän-
gende Menschenmasse, das Besorgen einer Fußbank für sie, das
Wärmen ihrer Hand, »auch wenn du vor Kälte selbst schau-
derst«, und selbst das Halten eines Kosmetikspiegels[14].
Hat man sich zu einem Rendezvous verabredet, so hat selbstverständlich der Kavalier *vorher* da zu sein. Hört man von ihrem
Wunsch, ihr irgendwohin entgegenzueilen, so lasse man alles
stehen und liegen und kämpfe sich durch noch so dichtes Menschengewühl zu ihr durch. Ist sie irgendwo eingeladen gewesen
und schickt tief in der Nacht nach ihrem Freund als Begleiter für
den Heimweg, so muß der unverzüglich aus seinem warmen Bett
aufspringen und »wie ein Sklave« herbeieilen.[15]
Mancher mag das für »schimpflich« *(turpe)* halten, räumt Ovid
ein,[16] denn nach dem traditionellen Rollenverständnis galt dergleichen als unmännlich. Aber das ist die Art, in der Frauen auch
gern einmal verwöhnt werden. Und es ist eine Chance, die Geliebte an sich zu binden. Denn dieses chevalereske Verhalten ist
keineswegs auf die Zeit der heftigen Liebeswerbung am Anfang
der Beziehung beschränkt. Ovid behandelt es vielmehr im *zweiten* Buch der »Ars amatoria« – und dort klärt er seine Leser über
Mittel und Wege auf, das Eroberte zu hüten und sie, die »du
durch meine Kunst gefangen hast, durch meine Kunst auch fest-
zuhalten«.[17]
Kavalier zu sein ist folglich keine vorübergehende »Masche«, um
das Mädchen für sich zu gewinnen, sondern eine grundsätzliche

Einstellung des Mannes, die für die Stabilität der Beziehung mitverantwortlich ist – kein rascher (und damit aus konventioneller Sicht »verzeihlicher«) Griff in die »Trickkiste der Anmache«, sondern ein dauerhaftes Verhalten aus Überzeugung.

Ein Verhalten, das Ovid, wie gesagt, als *obsequium* charakterisiert.[18] Das bedeutet »Folgsamkeit«, »Nachgiebigkeit«, aber auch »Gehorsam« – und im militärischen Sinne »Subordination«. Wie weit sich die *obsequium*-Empfehlung des Liebeslehrers an den Mann von dem überkommenen römischen Wertesystem entfernte, zeigt schlaglichtartig die Tatsache, daß eben dieses *obsequium* traditionell als typische *Frauen*tugend galt. Die Frau war es, die im Normbild der römischen Matrone *obsequens* gegenüber ihrem Mann zu sein hatte.

Elegisches »Querdenken«: Auch »dies hat mich Naso gelehrt«

Auch hier wird eine Jahrhunderte lang gültige Normvorstellung geradezu auf den Kopf gestellt. Geht die Schlußfolgerung zu weit, daß von solchem »elegischen Querdenken« ein Impuls zu etwas mehr partnerschaftlicher Orientierung ausgegangen ist? Zu etwas weniger unreflektiertem, weil als ganz selbstverständlich hingenommenem *machismo*? Und zu einer etwas größeren Toleranz gegenüber anderen als den »typisch« römischen Lebensformen?

Die elegische Generation hat gewiß keine Revolution in der römischen Mentalitätsgeschichte ausgelöst. Und die Umwertung der kriegerischen »Werte« hat sicherlich keinen einzigen Krieg verhindert. Aber sie hat vielleicht doch eine größere Offenheit geschaffen, Nachdenklichkeit bei dem einen oder anderen, wenn es darum ging, Gefühle zu zeigen – auch und gerade einer Frau gegenüber. Wenn diese »Botschaft« der Elegiker über ihre Zeit hinaus wirken könnte, wäre dies dem Autor eines *Antike*-Aktuell-Bandes durchaus recht.

Ovid jedenfalls ist sich sicher, seinen Beitrag zu einer Humanisierung in der Beziehung zwischen den Geschlechtern geleistet zu haben. Um dieser Gewißheit Ausdruck zu geben, bedient er sich – natürlich! – der militärischen Metaphorik. Feiert mich als Dichter und Ratgeber!, ruft er seinen männlichen Schülern zu, und kündet mein Lob!

Denn: »Ich hab' euch Waffen gegeben, wie einst Vulcan dem Achilles. / Nehmt mein Geschenk in Empfang, seid damit siegreich wie er. / Jeder, der mit meinem Schwert eine Amazone besiegt hat, / schreib' auf die Spolien (Beute) dann: ›Dies hat mich Naso gelehrt!‹«[19]

Läßt sich eine friedlichere Militär-»Doktrin« denken?

»Eilet gemeinsam ans Ziel!«

Ovids Ratschläge für das Liebesspiel

Von den Grenzen der Darstellung

Oft genug ist es dem Verfasser schwer gefallen, die wunderschöne, bildreiche Poesie Ovids mit ihrem hohen formal-ästhetischen Niveau durch paraphrasierende Wendungen zu »ersetzen«. Der Leser mag entscheiden, wie nützlich und sinnvoll diese Dolmetscher-Tätigkeit im einzelnen war, die auch darauf abzielte, die kulturgeschichtlichen Hintergründe etwas auszuleuchten (die ja den römischen Lesern bekannt waren). Daß moderne Sachbuch-Prosa in der Gefahr steht, gegenüber der literarischen »Vorlage« aus der Antike banal, platt und niveaulos zu wirken, ist dem Altphilologen nur zu bewußt.

Ebenso, daß es ein Maß in den Dingen, daß es bestimmte Grenzen gibt – und die scheinen da erreicht, wo es Ovid um Erfahrungen geht, die sich dem Leser auch ohne kommentierende Anmerkungen und kulturhistorische Exkurse erschließen.

Nicht, weil er sich in der wenig erbaulichen Tradition einer prüden »Liebeskunst«-Rezeption sähe, die die allzu deutlich ins Sexuelle spielenden Passagen der »Ars amatoria« zwar gern gelesen, aber um Himmels willen nicht besprochen hat, hat sich der Autor entschlossen, die Anregungen Ovids für das Liebesspiel nicht seiner Bearbeitung zu »unterziehen«. Es ist vielmehr die Bewunderung für und der Respekt vor der literarischen Meisterschaft, mit der unser Erotik-Lehrer diesen besonders sensi-

174

blen Aspekt seines Themas behandelt, die den Entschluß begründen, die Liebesspiel-Partien in der gelungenen Übersetzung von Niklas Holzberg einfach nur zu zitieren. Und der Wunsch, den Lesern auf diese Weise Lust zu machen, die gesamte »Liebeskunst« im Original oder in der Übersetzung zu lesen.

Conscius, ecce, duos accepit lectus amantes:
  Ad thalami clausas, Musa, resiste fores.
705 Sponte sua sine te celeberrima verba loquentur,
  Nec manus in lecto laeva iacebit iners.
Invenient digiti, quod agant in partibus illis,
  In quibus occulte spicula tingit Amor.
Fecit in Andromache prius hoc fortissimus Hector,
710 Nec solum bellis utilis ille fuit.
Fecit et in capta Lyrneside magnus Achilles,
  Cum premeret mollem lassus ab hoste torum.
Illis te manibus tangi, Briseï, sinebas,
  Imbutae Phrygia quae nece semper erant?
715 An fuit hoc ipsum, quod te, lasciva, iuvaret,
  Ad tua victrices membra venire manus?
Crede mihi, non est Veneris properanda voluptas,
  Sed sensim tarda prolicienda mora.
Cum loca reppereris, quae tangi femina gaudet,
720 Non obstet, tangas quominus illa, pudor.

Schau, das verschwiegene Bett nahm auf die beiden Verliebten.

Bleibe, o Muse, nun stehn vor der verschlossenen Tür!
705 Was man so sagt jetzt, das werden von selber sie ohne dich
sprechen,

Und auch die Linke wird nicht untätig ruhn auf dem
Bett.

Jetzt finden etwas zu tun die Finger in jenen Bereichen,
An denen stets insgeheim Amor die Pfeilspitzen netzt.

Mit Andromache tat dies einst schon der tapfere Hector;
710 Also auch dieser Mann war tauglich nicht nur für den
Krieg.

Mit der Lyrnesierin, die er fing, tat's der große Achilles,
Wenn er, vom Feinde erschöpft, aufs weiche Lager sich
warf.

Anfassen ließest du dich, Briseïs, von ebendenselben
Händen, die immer befleckt waren von phrygischem
Blut?

715 Oder war's grade dies, was dich, du Verworfne, erfreute,
Daß diese siegreiche Hand über die Glieder dir strich?

Glaube mir, nicht auf die schnelle gelangt man zur
Wonne der Venus,
Nein, durch Verzögern nur lockt man sie behutsam
hervor.

Hast du die Stellen gefunden, an denen die Frau gern
berührt wird,
720 Halte dich Scham nicht zurück, daß du sie dort auch
berührst;

Aspicies oculos tremulo fulgore micantes,
　　Ut sol a liquida saepe refulget aqua.
Accedent questus, accedet amabile murmur,
　　Et dulces gemitus aptaque verba ioco.
725　*Sed neque tu dominam velis maioribus usus*
　　Desere, nec cursus anteeat illa tuos.
Ad metam properate simul. tum plena voluptas,
　　Cum pariter victi femina virque iacent.
Hic tibi servandus tenor est, cum libera dantur
730　*Otia, furtivum nec timor urget opus.*
Cum mora non tuta est, totis incumbere remis
　　Utile, et admisso subdere calcar equo.

Sehn wirst du, wie ihr die Augen in zitterndem Feuer er-
glänzen;

Häufig strahlt Sonnenlicht so vom klaren Wasser
zurück.
Klagende Laute auch kommen hinzu und ein liebliches
Murmeln,
Süßes Gestöhn, manches Wort, wie es zu diesem Spiel
paßt.
725 Laß aber nicht die Geliebte in Schußfahrt mit volleren
Segeln
Hinter dir, und deiner Fahrt eile auch sie nicht voraus.
Eilet gemeinsam zum Ziel; die Lust ist dann erst voll
kommen,
Wenn überwältigt zugleich daliegt die Frau mit dem
Mann.
So halt es immer, doch nur wenn dir viel freie Zeit zur
Verfügung
730 Steht und wenn euch keine Furcht drängt bei dem
heimlichen Werk.
Ist ein Verweilen gefährlich – sich voll in die Riemen zu
legen,
Rat' ich, und daß man den Sporn gebe dem eilenden
Pferd.

Liebeskunst II 703–732

179

Ulteriora pudet docuisse. Sed alma Dione
770   *»Praecipue nostrum est, quod pudet« inquit »opus«.*
Nota sibi sit quaeque. Modos a corpore certos
    Sumite. non omnes una figura decet.
Quae facie praesignis erit, resupina iaceto:
    Spectentur tergo, quis sua terga placent.
775   *Milanion umeris Atalantes crura ferebat:*
    Si bona sunt, hoc sunt aspicienda modo.
Parva vehatur equo. quod erat longissima, numquam
    Thebaïs Hectoreo nupta resedit equo.
Strata premat genibus, paulum cervice reflexa,
780   *Femina per longum conspicienda latus.*
Cui femur est invenale, carent quoque pectora menda,
    Stet vir, in obliquo fusa sit ipsa toro.
Nec tibi turpe puta crinem, ut Phylleïa mater,
    Solvere, et effusis colla reflecte comis.

Weitres zu lehren hindert mich Scham, doch die holde
Dione
770 Sagt mir: »Wovor du dich schämst, dies ist doch *mein*
Wirkungsfeld.«
Jede erkenne sich selbst. Euer Leib lehr' euch, welche
Methode
Richtig ist. Jeder Frau steht jegliche Stellung ja
nicht.
Ist ihr Gesicht wunderschön, dann soll auf dem Rücken
sie liegen;
Die, der ihr Rücken gefällt, soll man vom Rücken her
sehn.
775 Auf seinen Schultern trug Milanion gern Atalantes
Schenkel: In *der* Position soll, sind sie schön, man sie
sehn.
Kleine solln reiten; dagegen saß niemals rittlings auf
Hector
Seine thebanische Frau, weil sie so überlang war.
Die, deren lange Seite so hübsch ist, daß gern man sie an
schaut,
780 Drücke die Knie aufs Bett, biege den Hals leicht
zurück.
Sind ihre Schenkel jugendlich, makellos auch ihre Brüste,
Stehe der Mann, während sie schräg übers Lager sich
streckt.
Denk nicht, es stehe dir schlecht, das Haar wie die
Mutter aus Phyllos
Aufzulösen; den Hals bieg, trägst du's offen, zurück.

785 *Tu quoque, cui rugis uterum Lucina notavit,*
    Ut celer aversis utere Parthus equis.
Mille ioci Veneris. simplex minimique laboris,
    Cum iacet in dextrum semisupina latus.
Sed neque Phoebei tripodes nec corniger Ammon
790   *Vera magis vobis, quam mea Musa, canet.*
Si qua fides, arti, quam longo fecimus usu,
    Credite. praestabunt carmina nostra fidem.
Sentiat ex imis Venerem resoluta medullis
    Femina, et ex aequo res iuvet illa duos.
795 *Nec blandae voces iucundaque murmura cessent,*
    Nec taceant mediis improba verba iocis.
Tu quoque, cui Veneris sensum natura negavit,
    Dulcia mendaci gaudia finge sono.
Infelix, cui torpet hebes locus ille, puella,
800   *Quo pariter debent femina virque frui.*

785 Du, der Lucina den Leib mit Runzeln gezeichnet hat, reite

Wie schnelle Parther, denn die sitzen verkehrt auf dem Pferd.

Tausend Spiele kennt Venus; sehr einfach ist's, auch wenig mühsam,

Liegt sie nach rechts geneigt da, halb auf den Rücken gelehnt.

Doch nicht der Dreifuß des Phoebus und Ammon auch nicht, der Gehörnte,

790 Künden ein wahreres Wort, als meine Muse es singt.

Gibt es doch Treu und Glauben – der Kunst, die mich lange Erfahrung

Lehrte, vertraut: Mein Gedicht wird sich bewähren bei euch.

Bis in ihr innerstes Mark gelöst soll die Frau alle Wonnen Spüren; das Lustgefühl soll gleich groß für beide dann sein.

795 Nicht sollen schmeichelnde Worte verstummen und liebliches Flüstern

Lockere Worte solln nicht aufhören mitten im Spiel.

Du auch, der die Natur es versagt hat, Lust zu verspüren, Täusche mit künstlichem Laut süße Empfindungen vor.

Unglücklich ist das Mädchen, bei welchem die Stelle, die gleiche

800 Lust Mann und Frau schenken soll, stumpf und empfindungslos ist.

Tantum, cum finges, ne sis manifesta, caveto:
  Effice per motum luminaque ipsa fidem.
Quid iuvet, et voces et anhelitus arguat oris!
  A! pudet. arcanas pars habet ista notas.
805 Gaudia post Veneris quae poscet munus amantem,
  Illa suas nolet pondus hebere preces.
Nec lucem in thalamos totis admitte fenestris
  Aptius in vestro corpore multa latent.

Hüt dich nur, wenn du was vortäuschst, dich zu verraten; bemüh dich,

Daß durch Bewegung und Blick du dabei glaubwürdig wirkst.

Das, was du gern hast, bekunde dein Mund durch Laute und Keuchen;

Der Teil – wie schäm' ich mich jetzt! – hat sein geheimes Signal.

805 Die, welche nach den Freuden der Venus vom Freund ein Geschenk will

Die will dann selber wohl nicht, daß er die Bitte erfüllt.

Laßt auch das Licht nicht ins Zimmer durch weit geöffnete Fenster;

Besser ist's, an eurem Leib bleibt da so manches versteckt.

Liebeskunst III 769–808

Anmerkungen

Die Werke Ovids werden wie folgt abgekürzt:

Am.   Amores/Liebesgedichte
Ars   Ars amatoria/Liebeskunst
Fast.   Fasti/Festkalender
Her.   Heroides/Liebesbriefe
Med.   Medicamina faciei femineae/Schönheitsmittel für Frauen
Met.   Metamorphoses/Metamorphosen
Pont.   Epistulae ex Ponto/Briefe vom Schwarzen Meer
Rem.   Remedia amoris/Heilmittel gegen die Liebe
Trist. Tristia/Lieder der Trauer

Erotische Jagdgründe...

1   Ovid, Ars I 80ff.
2   Ovid, Ars I 79
3   Ovid, Ars I 49
4   Seneca, De clementia I 6; Juvenal, Saturae III 239ff.
5   Vgl. Ovid, Ars III 425f.
6   Vgl. Ovid, Ars I 171. 180f.
7   Ovid, Ars I 177f.
8   Ovid, Ars I 219ff.
9   Properz, III 4,15ff.
10 Ovid, Ars III 394
11 Ovid, Ars I 69
12 Ovid, Ars I 93ff.
13 Ovid, Ars I 97
14 Properz II 22,7ff.
15 Properz II 22,4 (Übers. von K.-W. Weeber)
16 Ovid, Ars I 100
17 Ovid, Trist. II 495ff.
18 Juvenal, Saturae VI 63ff.
19 Cyprian, Epistula ad Donatum 8

20 Tertullian, De spectaculis 10
21 Ovid, Ars I 92
22 Ovid, Ars I 133 ff.
23 Dionys von Halikarnaß III 68,2 ff.
24 Ovid, Ars I 141 f.
25 Ovid, Ars I 137 f.
26 Seneca d. Ä., Controversiae I pr. 24
27 Ovid, Am. III 2,47 ff.
28 Ovid, Am. III 2,55 ff.; Ars I 147 f.
29 Ovid, Am. III 2,59 ff.
30 Ovid, Ars I 144 f.
31 Ovid, Ars I 146 ff.; Am. III 2,67 ff.
32 Ovid, Ars I 160 ff.; Am. III 2,36 f.
33 Ovid, Ars I 151 (Übers. von K.-W. Weeber)
34 Ovid, Ars I 153 ff.; Am. III 2,25 ff.
35 Ovid, Am. III 2, 21 ff.; Ars I 157 f.
36 *respice praeterea*, Ovid, Ars I 157
37 Ovid, Am. III 2, 83 f.
38 Ovid, Ars III 395
39 Ovid, Ars I 166–170
40 Sueton, Augustus 44,2
41 Ovid, Ars I 67 ff.; III 391 f.
42 Ovid, Ars I 69
43 Ovid, Ars III 398
44 Ovid, Ars III 425 f.
45 Ovid, Ars III 423 f.
46 Ovid, Ars III 431 f.
47 Ovid, Ars I 55 f.
48 Ovid, Ars III 385
49 Ovid, Ars I 41

Gastmahl

1 Seneca, Epistulae morales ad Lucilium 95,21
2 Martial V 78,6
3 Ovid, Ars III 755 f.
4 Ovid, Ars III 758
5 Ovid, Ars III 759 f.
6 Plinius, Naturalis historia XIV 89; Gellius, Noctes Atticae, X 23
7 Sueton, Augustus 65,3
8 Ovid, Ars III 765 ff.
9 Ovid, Ars I 590
10 Plautus, Pseudolus 1277 f.
11 Ovid, Ars I 591 ff.

12   Terenz, Eunuchus 732

13   Ovid, Ars I 237

14   Ovid, Ars I 575 f.; Am. I 4,31 f.

15   Ovid, Ars I 601; vgl. Plautus, Stichus 709

16   Anthologia Palatina V 261, 5 f.

17   Ovid, Ars I 571 f.; Am. I 4,20; II 5,17; Her. XVII 87 ff.; Tibull I 6,19 f.

18   Ovid, Ars I 597 ff.; Her. XV 245

19   Ovid, Ars I 598

20   Ovid, Ars I 601 f.

21   Ovid, Ars I 585

22   Tibull I 6,27 f.

23   Ovid, Am. II 5,13 ff.

24   Ovid, Ars I 230

25   Ovid, Ars I 229

26   Horaz, Epistulae I 29 (Übers. von K.-W. Weeber)

27   Horaz, Sermones II 6,69; vgl. Horaz, Carmina II 7,21 ff.

28   Martial V 78, 25 ff.; Juvenal, Saturae XI 162 ff.

29   Sallust, De coniuratione Catilinae 25,2–5

30   Ovid, Ars III 311 ff.; Properz II 3, 17 ff.

31   Ovid, Ars 595 f.

32   Horaz, Carmina I 37,1; Properz II 3,17

33   Horaz, Carmina III 6,21 ff.

34   Ovid, Ars III 349 ff.

35   Ovid, Am. I 4,19

36   Ovid, Am. I 25 f., 21 f.

37   Ovid, Ars I 613

38   Ovid, Ars I 610 ff.

39   Vgl. etwa Properz IV 8,29 ff.

40   Plautus, Pseudolus 1260 ff.

41   Ovid, Am. II 4,35 ff.; 5,14 ff.

42   Ovid, Am. I 4,48

43   Ebd.

44   Horaz, Carmina III 6,25–28; vgl. Tibull I 6,17 f.

45   Horaz, Carmina IV 13,1 ff.

46   Ovid, Ars I 245–248

Liebesbrief

1   Martial XIV 8 f.

2   Ovid, Ars I 439 f.

3   Ovid, Ars I 441 f.

4   Ovid, Ars I 443 f.

5   Ovid, Ars I 445 ff.

6   Ovid, Ars I 465 f.

7   Ovid, Ars I 467 f.
8   Ovid, Ars III 479 ff.
9   Ovid, Ars III 483 ff.
10 Ovid, Ars III 493 f.
11 Ovid, Ars III 495 ff.
12 Ovid, Am. I 11,17 ff.
13 Ovid, Am. I 11,13
14 Ovid, Am. I 11,24
15 Ovid, Ars III 475 f.
16 Ovid, Ars III 477 f.
17 Ovid, Am. I 12,13 ff.
18 Ovid, Ars I 469 f.
19 Ovid, Ars I 475 f.
20 Ovid, Ars I 477 ff.
21 Ovid, Ars I 485
22 Ovid, Ars I 486
23 Ovid, Ars II 395 f.

Strategien der Werbung…

1   Ovid, Ars I 713 f.
2   Ovid, Ars I 709 (Übers. von K.-W. Weeber)
3   Ovid, Ars I 711
4   Ovid, Ars I 713 (*Iuppiter… supplex*)
5   Ovid, Ars I 621 ff.
6   Ovid, Ars I 623 ff.
7   Ovid, Ars I 612
8   Ovid, Ars I 627 f.
9   Plinius, Naturalis historia X 43
10 Ovid, Ars I 619 f.
11 Ovid, Ars II 296
12 Ovid, Ars II 297 ff.
13 Ovid, Ars II 303 ff.
14 Ovid, Ars II 655 ff.
15 Ovid, Ars II 663 ff.
16 Horaz, Sermones I 3,38 ff.
17 Properz II 3,29 und 3,30
18 Ovid, Am. III 12, 5 ff.; vgl. Ars I 739 ff.
19 Ovid, Ars I 613 ff.
20 Ovid, Ars I 755 f. (Übers. von K.-W. Weeber)
21 Ovid, Ars I 513; vgl. III 383 ff.; Horaz, Carmina I 8; III 12,7 ff.
22 Cicero, De officiis I 130
23 Ovid, Ars I 513 ff.; Cicero, De officiis I 130
24 Horaz, Sermones I 3, 29 f.; vgl. Theophrast, Characteres 4

25 Ovid, Ars I 517 f.
26 Ovid, Ars I 522
27 Ovid, Ars I 519; vgl. Horaz, Epistulae I 7,50 f.
28 Ovid, Ars I 505 ff. 524
29 Ovid, Ars III 433 ff.
30 Ovid, Ars I 509 ff.
31 Ovid, Ars I 595 ff.
32 Ovid, Ars II 113 ff.
33 Ovid, Ars II 121
34 Ovid, Ars II 125 ff.
35 Siehe dazu S. 165 f.
36 Ovid, Ars I 445 ff.
37 Ovid, Ars I 631
38 Ovid, Ars I 633 f.
39 Anthologia Palatina V 6,3 f.
40 Platon, Symposion 183b
41 Publilius Syrus, Sententiae A 38
42 Horaz, Carmina II 8; Tibull I 4,21 ff.; Ovid, Am. II 8,18 ff.; trotzdem Dro-
    hung mit Jupiters Strafe: Properz II 17,47 ff.
43 Pseudo-Hesiod frg. 124 Merkelbach-West; vgl. Apollodor II 1,5
44 Ovid, Ars I 636 (Übers. von K.-W. Weeber)
45 Aristainetos II 20
46 Vgl. Plautus, Mercator 82; Terenz, Andria 218; Apuleius, Apologia 84
47 Platon, Philebos 65c
48 Im Unterschied zu anderen Situationen, in denen Falschheit moralisch
    nicht erlaubt ist
49 Ovid, Ars I 643 ff.
50 Ovid, Ars I 659 (Übers. von K.-W. Weeber)
51 Ovid, Ars I 661 f.
52 Vgl. etwa Juvenal, Saturae VI 273 ff. (über Frauen); Ovid, Am. I 8,83 f.
53 Ovid, Ars I 723 ff.
54 Ovid, Ars I 672
55 Ovid, Ars I 664 ff. (Übers. von K.-W. Weeber)
56 Ovid, Ars I 673 ff.
57 bes. Ovid, Ars I 700 ff.
58 Vgl. A. Richlin, Pornography and representation in Greece and Rome,
    Oxford 1992, S. 158 ff.
59 Ovid, Ars I 667 f.
60 Ovid, Ars II 725 ff.
61 Ovid, Fasti II 827

1 Ovid, Ars III 103
2 Ovid, Ars III 73 ff.
3 Ovid, Ars III 104 ff.
4 Ovid, Ars III 129 ff.
5 Seneca, De beneficiis IX 7, 4
6 Plinius, Naturalis historia IX 114
7 Juvena, Saturae VI 457 ff.
8 Ovid, Ars III 441 f.
9 Ovid, Ars III 169 ff.
10 Ovid, Ars III 171 ff.
11 Ovid, Ars III 135 ff.
12 Ovid, Ars III 133
13 Ovid, Ars III 153 ff.
14 Martial VIII 33,20; XIV 26
15 Properz II 18,9
16 Ovid, Am. I 14,45 f.; vgl. Ars III 161 ff. 243 ff.
17 Properz II 18,23 f.
18 Martial III 43,2; vgl. IV 36; Plinius, Naturalis historia XXVI 164
19 Ovid, Ars III 245 ff.
20 Ovid, Ars III 235 ff.
21 Tibull I 9,68 ff.
22 Ovid, Ars III 195 f.
23 Ovid, Ars III 193 f.
24 Plautus, Truculentus 323 ff.
25 Ovid, Ars III 197 f.; Catull 39, 17 ff.; vgl. auch Plinius, Naturalis historia XXVIII 178 ff.
26 Ovid, Ars III 199 ff.
27 Galen XII 446
28 Ovid, Ars III 205 ff.
29 Ovid, Med. 7 (Übers. von K.-W. Weeber)
30 Ovid, Med. 53 ff.; Zitat V. 67 f.
31 Ovid, Ars III 211 f.
32 Ovid, Ars III 213 f.; Rem. 354 ff.
33 Ovid, Rem. 347 f.
34 Lukian, Amores 39
35 Ovid, Ars III 225 ff.
36 Ovid, Ars III 263 ff.
37 Ovid, Ars 275 ff.; Zitat V. 280
38 Ovid, Met. X 247 ff.
39 Properz II 2, 5 f.
40 Petron 126,2
41 Ovid, Ars III 297 ff.; vgl. Am. II 4,23
42 Ovid, Ars III 307 ff.

43 Horaz, Carmina I 22,23 f.

44 Catull 51,5 f.

45 Lukian, Dialogi meretricii (Hetärengespräche) 6

46 Ovid, Ars III 283 ff.; Zitat V. 295

47 Ovid, Am. II 4,25 f.

48 Sallus, De coniuratione Catilinae 25,2 ff. (Übers. von K.-W. Weeber)

49 Ovid, Ars III 316

50 Ovid, Ars III 329 ff.

51 Ovid, Ars III 349 ff.

52 Ovid, Ars III 367 f.

53 Ovid, Ars III 373 ff.

54 Belege bei B. v. Hesberg-Tonn, Coniunx carissima, Stuttgart 1983, S. 213 ff.

55 Livius XXXIV 2,9 f. 17

56 Ovid, Ars II 157 ff.

57 Ovid, Ars II 152

58 Ovid, Ars III 517 ff. (Übers. von K.-W. Weeber)

59 Ovid, Ars III 524

60 Vgl. auch Ovid, Ars III 291 f.; Properz III 25,5 f.

61 Ovid, Ars III 663 f.

62 Vgl. etwa Lukian, Dialogi meretricii 6

63 Ovid, Ars III 681 f.

64 Aristainetos II 1

65 Ebd.

66 Ovid, Am. II 19,25 f. 33 (Übers. von K.-W. Weeber)

67 Ovid, Ars III 473 ff.

68 Ovid, Ars III 579 ff.

69 Ovid, Am. II 19,11; I 8,73

70 Properz II 23,1 ff.; IV 5,34; Ovid, Am. I 8,74; vgl. aber Juvenal, Saturae VI 535 ff.

71 Ovid, Ars III 601 ff.

72 Ovid, Ars III 585 f.; vgl. Martial I 73

73 Lukian, Dialogi meretricii 8

74 Ovid, Ars III 577 f.

75 Ovid, Ars III 593 f.

76 Ovid, Ars III 597 f.; Am. III 14,29 ff.; Zitat V. 42

77 Ovid, Ars III 603

78 Ovid, Ars III 607 f.

79 Horaz, Sermones II 7,59 ff.

80 Ovid, Ars III 609 f.

Komplizen ...

1 Ovid, Ars I 351

2 Ovid, Ars I 355

3 Plautus, Asinaria 183 ff.

4 Plautus, Menaechmi 541 ff.

5 Ovid, Ars I 376: *alea grandis*

6 Ovid, Ars I 375 ff.

7 Horaz, Sermones I 2,116 ff.; Seneca d. Ä., Controversiae IV pr. 10

8 Ovid, Ars I 385

9 Ovid, Ars I 397 f.

10 Ovid, Ars I 387 ff.

11 Ovid, Ars I 357 ff.; Zitat V. 358

12 Ovid, Ars I 370 ff.

13 Ovid, Am. I 11,3 f. (Übers. von K.-W. Weeber)

14 Ovid, Am. I 12,1 ff.

15 Ovid, Ars III 473 ff.

16 Ovid, Ars III 486 ff.

17 Ovid, Ars III 485

18 Ovid, Ars III 665 f.

19 Ovid, Am. II 7,21 f.

20 Ovid, Am. II 8,1 ff. (die ersten beiden Zitatstellen: Übers. von K.-W. Weeber)

21 Ovid, Am. I 2,1 ff.

22 Ovid, Am. I 3,5 f.

23 Apuleius, Metamorphoses IX 17,4

24 Ovid, Ars III 611 ff.

25 Ovid, Ars III 619 ff.; Zitat V. 625 f.

26 Ovid, Ars III 635 ff.

27 Ovid, Ars III 639 f.

28 Ovid, Ars III 640 f.; vgl. Martial XI 7,7

29 Ovid, Ars III 633 f.

30 Ovid, Ars I 89 ff.

31 Ovid, Ars III 655 f.

32 Ovid, Ars III 657 f.

33 Ovid, Am. II 2,39 f.

34 Ovid, Am. II 3,18

35 Ovid, Ars III 653 f.

36 Ovid, Ars III 645 f.

37 Plautus, Curculio 75 ff.; Zitat V. 114 ff.

38 Ovid, Ars III 647 f.

39 Ovid, Am. II 2,19 ff.

40 Ovid, Am. II 2,47 f.

41 Ovid, Am. II 2,60 (Übers. von K.-W. Weeber)

42 Ovid, Am. II 3,1

43 Sueton, Augustus 69,1

44 Sueton, Augustus 34. 65

45 Ovid, Ars III 614

46 Ovid, Ars III 57 f.; vgl. I 31 ff.; II 599 f.

47 Ovid, Ars III 615; Rem. 385 f.
48 Ovid, Trist. II 303
49 Ovid, Trist. II 207
50 Ovid, Trist. II 212; vgl. II 247 ff.; Pont. III 3,49 ff.
51 Ovid, Ars III 611 f.
52 Ovid, Ars I 569 ff.; Am. I 4,15 ff.
53 Ovid, Am. I 4,51 ff.; Ars I 580 ff.
54 Ovid, Am. III 4,5 f.
55 Ovid, Am. III 4,9 ff.
56 Ovid, Am. III 4,12
57 Ovid, Am. III 4,27 f. (letzte zitierte Passage: Übers. von K.-W. Weeber)
58 Ovid, Am. III 4,31 f.
59 Ovid, Am. III 4,41
60 Ovid, Am. III 4,35 f. (Übers. von K.-W. Weeber)
61 Ovid, Am. III 4,43 ff.
62 Properz II 34,1 ff.
63 Properz II 6,7 ff.
64 Ovid, Ars II 539 ff.
65 Ovid, Ars II 541 ff., 529 ff.
66 Ovid, Ars II 559 f.
67 Ovid, Ars II 561 ff.; Zitat V. 589 f.
68 Ovid, Ars II 595 ff.
69 Ovid, Ars II 3,58
70 Ovid, Ars II 359 ff.; Zitat V. 367
71 Ovid, Ars III 31
72 Ovid, Ars II 387 f.
73 Ovid, Ars II 389 ff.; Zitat V. 390
74 Ovid, Ars II 397 ff.
75 Ovid, Ars II 410 ff.
76 Ovid, Ars II 439 ff.
77 Ovid, Ars II 449 ff.; Zitat V. 462
78 Ovid, Ars III 589; Zitat V. 596

Militat omnis amans

1 Properz II 15,41 ff.; Zitat V. 48 (Übers. von K.-W. Weeber)
2 Ovid, Am. I 9,1 f.
3 Ovid, Ars II 229
4 Das Folgende nach Ovid, Am. I 9; vgl. auch Ars II 231 ff.
5 Ovid, Am. I 9,25 f.
6 Properz IV 1,137
7 Properz I 16,5; Ovid, Rem. 31; Am. II 10,29; Tibull I 10,53
8 Properz II 1,44 f.
9 Ovid, Am. III 7,71

10 Tibull I 1,75 f.
11 Tibull I 10, 1–3. 31 f.
12 Properz I 6,29 f.; vgl. Ovid, Her. XVI 254 ff.
13 Properz II 7,13 ff.
14 Ovid, Ars II 209 ff.
15 Ovid, Ars II 223 ff.
16 Ovid, Ars II 215
17 Ovid, Ars II 12 f. (Übers. von K.-W. Weeber)
18 Ovid, Ars II 181 ff.
19 Ovid, Ars II 741–744

Literaturhinweise

Ausgaben, Übersetzungen und Kommentare – Werke Ovids

Publius Ovidius Naso, Liebesgedichte/Amores, lateinisch-deutsch, herausgegeben von W. Marg und R. Harder, München/Zürich 1956, ⁷1992 [Zitate nach dieser Ausgabe].

Ovid, Die Liebeselegien, lateinisch-deutsch, herausgegeben von F. W. Lenz, Berlin 1965, 3. neu bearbeitete Auflage von M. G. Lenz ebd. 1976.

P. Ovidi Nasonis de arte amatoria libri tres, erklärt von P. Brandt, Leipzig 1902, Nachdr. Hildesheim 1963.

Ovid, Die Liebeskunst, lateinisch-deutsch, herausgegeben von F. W. Lenz, Berlin 1969 (Schriften und Quellen der Alten Welt).

Ovid, Ars amatoria, Book I, edited with an introduction and commentary by A. S. Hollis, Oxford 1977.

Ovidio, L'arte di amare, a cura di E. Pianezzola, commento di G. Baldo, L. Cristante, E. Pianezzola, Mailand 1991.

Publius Ovidius Naso, Liebeskunst · Heilmittel gegen die Liebe / Ars amatoria · Remedia amoris, lateinisch-deutsch, herausgegeben und übersetzt von N. Holzberg, München/Zürich ⁴1999 [Zitate nach dieser Ausgabe].

Publius Ovidius Naso, Ars amatoria / Liebeskunst, lateinisch-deutsch, übersetzt und herausgegeben von M. v. Albrecht, Stuttgart 1992 [u. ö.].

P. Ovidi Nasonis Remedia amoris, edited with an introduction and commentary by A. A. R. Henderson, Edinburgh 1979.

Publius Ovidius Naso, Liebesbriefe/Heroides – Epistulae, lateinisch-deutsch, herausgegeben und übersetzt von B. W. Häuptli, München/Zürich 1995 [Zitate nach dieser Ausgabe].

Publius Ovidius Naso, Metamorphosen, lateinisch-deutsch, in deutsche Hexameter übertragen von E. Rösch, herausgegeben von N. Holzberg, Zürich/Düsseldorf ¹⁴1996 [Zitate nach dieser Ausgabe].

Publius Ovidius Naso, Fasti/Festkalender, lateinisch-deutsch, auf der Grundlage der Ausgabe von W. Gerlach neu übersetzt und herausgegeben von N. Holzberg, München/Zürich 1995 [Zitate nach dieser Ausgabe].

Publius Ovidius Naso, Ibis · Fragmente · Ovidiana, lateinisch-deutsch, herausgegeben, übersetzt und erläutert von B. W. Häuptli, Zürich/Düsseldorf 1996 (*enthält die Medicamina faciei femineae / Schönheitsmittel für Frauen*; Zitate nach dieser Ausgabe].

Publius Ovidius Naso, Briefe aus der Verbannung / Tristia · Epistuale ex Ponto, lateinisch-deutsch, übertragen von W. Willige, eingeleitet und erläutert von N. Holzberg, München/Zürich ²1995 [Zitate nach dieser Ausgabe].

Ovid, Ars amatoria, Buch 2, Kommentar von M. Janka, Heidelberg 1997.
Ovid, Die erotischen Dichtungen, übers. von V. v. Mornitz, Stuttgart 2001.
Ovid, Ars amatoria, Book III, Commentary by R. K. Gibson, Cambridge 2003.

Weitere Kommentare
H. J. Geisler, P. Ovidius Naso, Remedia amoris, mit Kommentar zu Vers 1–396, Diss. Berlin 1969.
Ch. Lucke, P. Ovidius Naso, Remedia amoris, Kommentar zu Vers 397–814, Bonn 1982 (Habelts Dissertationsdrucke Klass. Phil. 33).

Ausgaben *und* Übersetzungen – Werke anderer Autoren

Anthologia Graeca, griechisch-deutsch, 4 Bände, edidit H. Beckby, München 1957–1958, 2., verbesserte Auflage 1965 [die *Anthologia Palatina* wird nach dieser Ausgabe zitiert].
Apuleius, Der goldene Esel / Metamorphosen, lateinisch-deutsch, herausgegeben und übersetzt von E. Brandt und W. Ehlers, München/Zürich ⁴1989.
Aristainetos, Erotische Briefe, eingeleitet, neu übertragen und erläutert von A. Lesky, Zürich 151.
Catull, Gedichte, lateinisch-deutsch, herausgegeben und übersetzt von W. Eisenhut, München ¹⁰1993.
Marcus Tullius Cicero, Vom rechten Handeln, lateinisch-deutsch, herausgegeben von K. Büchner, München/Zürich ³1987.
Horaz, Sämtliche Werke, lateinisch-deutsch, herausgegeben von H. Färber und W. Schöne, München/Zürich ¹¹1993.
Juvenal, Satiren, lateinisch-deutsch, herausgegeben, übersetzt und mit Anmerkungen versehen von J. Adamietz, München/Zürich 1993.
Lukrez, Von der Natur, lateinisch-deutsch, herausgegeben und übersetzt von H. Diels, München 1993.
Martial, Epigramme, eingeleitet und im antiken Versmaß übertragen von R. Helm, Zürich/Stuttgart 1957.
Sextus Aurelius Propertius, Die Elegien, erklärt von M. Rothstein, 2 Bände, Berlin ²1920–24, Nachdruck Hildesheim/Dublin/New York 1966.
The elegies of Propertius, edited with an introduction und commentary by H. E. Butler and E. A. Barber, Oxford 1933, ²1964.
Properz · Tibull, Liebeselegien/Carmina, lateinisch-deutsch, neu herausgegeben und übersetzt von G. Luck, Zürich/Düsseldorf 1996 [Zitate nach dieser Ausgabe].
Sallust, Werke, lateinisch-deutsch, von W. Eisenhut und J. Lindauer, München/Zürich ²1994.
The elegies von Albius Tibullus, edited with an introduction and commentary by K. F. Smith, New York 1913, Nachdruck Darmstadt 1964.

Sekundärliteratur

J. N. Adams, The Latin sexual vocaulary, London 1982.

M. v. Albrecht, Ovid. Eine Einführung, Stuttgart 2003.

D. Balsdon, Die Frau in der römischen Antike, München 1979.

J. P. V. D. Balsdon, Life and leisure in ancient Rome, London 1969.

C.M. Binnicker, Didactic qualities of Ovid's Ars amatoria, Diss. Chapel Hill 1967.

M. Baar, *dolor* und *ingenium*. Untersuchungen zur römischen Liebeselegie, Stuttgart 2005.

G. Bretzigheimer, Ovids Amores. Poetik in der Erotik, Tübingen 2001.

E. Burck, Römische Wesenszüge der augusteischen Liebeselegie, in: Hermes 80 (1952), S. 163 ff.

L. Cahoon, A program for betrayal. Ovidian nequitia in am. 1.1, 2.1 and 3.1, in: Helios 12,1 (1985), S. 29 ff.

F. O. Copley, Servitium amoris in the Roman elegists, in: Transactions and Proceedings of the American Philological Association 78, (1947), S. 285 ff.

F. O. Copley, Esclusus amator. A study in latin love poetry, New York ²1981.

J. T. Davies, Fictus adulter, Poet as actor in the Amores, Amsterdam 1989.

H. H. Dettenhofer (Hg.), Reine Männersache? Frauen in Männerdomänen der antiken Welt, Köln/Weimar/Wien 1994.

S. Döpp, Werke Ovids. Eine Einführung, München 1992.

E. Eyben, Restless youth in ancient Rome, London/New York 1993.

W. Fauth, Venena amoris. Die Motive des Liebeszaubers und der erotischen Verzauberung in der augusteischen Dichtung, in: Maia 32 (1980), S. 265 ff.

G. Fink, Ovid als Psychologe, in: Der Altsprachliche Unterricht 26 (1983), H. 4, S. 4 ff.

J.-M. Frecaut, L'esprit et l'humeur chez Ovide, Grenoble 1972.

K. Gaiser (Hg.), Für und wider die Ehe. Antike Stimmen zu einer offenen Frage, München 174.

G. Garbarino, Amore e matrimonio nella commedia e nell'elegia romana, in: M. Vacchina (Hg.), Attualità dell'antico, Aosta 1988, S. 307 ff.

J. F. Gardner, Frauen im antiken Rom, München 1995.

B. M. Gauly, Liebeserfahrungen. Zur Rolle des elegischen Ich in Ovids Amores, Frankfurt a. M. 1990.

N. P. Gross, Amatory persuasion in Antiquity, Newark/London 1985.

K. Heldmann, Ovidius amoris artifex. Ovidius praeceptor amoris, in: Museum Helveticum 38 (1981), S. 162 ff.

K. Heldmann, Dichtkunst oder Liebeskunst? Die mythologischen Erzählungen in Ovids Ars Amatoria, Göttingen 2001.

N. Holzberg, Ovids erotische Lehrgedichte und die römische Liebeselegie, in: Wiener Studien N. F. 15 (1981), S. 185 ff.

N. Holzberg, Die römische Liebeselegie, Darmstadt 1990.

M. Johnson/T. Ryan, Sexuality in Greek and Roman society and literature. A sourcebook, London 2005.

M. Keul, Liebe im Widerstreit. Interpretationen zu Ovids Amores und ihrem literarischen Hintergrund, Frankfurt a. M. 1989.

W. Kroll, Die Kultur der ciceronischen Zeit, Leipzig 1933, Nachdruck Darmstadt 1975.

E. Küppers, Ovids Ars amatora und remedia amoris als Lehrdichtungen, in: Aufstieg und Niedergang der römischen Welt (ANRW) hg. von H. Temporini und W. Haase, II 31,4, Berlin/New York 1981, S. 2507 ff.

M. Labate, L'arte di farsi amare. Modelli culturali e progretto didascalico nell'elegia ovidiana, Pisa 1984.

R. Langlands, Sexual morality in ancient Rome, Cambridge 2006.

A. LaPenna, L'integrazione difficile. Un profilo di Properzio, Turin 1977.

D. N. Levin, War and peace in early Roman elegy, in: ANRW II 30,1, 1982, S. 418 ff.

S. Lilja, The Roman elegist's attitude to women, Helsinki 1965.

G. Luck, Die römische Liebeselegie, Heidelberg 1961.

R. O. A. M. Lyne, Servitium amoris, in: Classical Quarterly 29 (1979), S. 117 ff.

R. Martin, Ovide et la sexualité: dit et non dit dans l'Ars amatoria, in: Hommages à J. Veremans, Brüssel 1986, S. 208 ff.

C. Martindale, Ovid renewed. Ovidian influences on literature and art from the Middle Ages to the twentieth century, Cambridge 1988.

J. R. C. Martyn, Naso – Desultor amoris (Amores I–III), in: ANRW II 31,4, 1984, S. 2436 ff.

Th. A. J. McGinn, Prostitution, sexuality and the law in ancient Rome, New York 2003.

E. Montero Cartella, El latín erótica, Sevilla ²1991.

R. Müller, Motivkatalog der römischen Elegie, Diss. Zürich 1952.

P. Murgatroyd, Servitium amoris and the Roman elegists, in: Latomus 40 (1981), S. 589 ff.

A. Myerowitz, Ovids games of love, Detroit 1985.

Ch. Neumeister, Tibull. Einführung in sein Werk, Heidelberg 1986.

E. Pianezza, Il canto di trionfo nell'elegia latina. Trasposizione di un topos, in: Studi F. Della Corte III, Urbino 1987, S. 131 ff.

S. B. Pomeroy, Frauenleben im klassischen Altertum, Stuttgart 1985.

A. Ramírez de Verger, Amantis iusiurandum, in: Homenaje a J. M. Blazquez, Madrid 1991, S. 59 ff.

R. Reitzenstein Zur Sprache der lateinischen Erotik, in: Sitzungsberichte der Heidelberger Akademie der Wissenschaften, 1912, S. 1 ff.

A. Rchlin, The garden of Priapus. Sexuality and aggression in Roman humor, New Haven/London 1983.

A. Richlin, Pornography and representation in Greece and Rome, Oxford 1992.

A. L. Romano, Ovid's Ars amatora or the art of outmanoeuvering the partner, in: Hommages à J. Veremans, Brüssel 1986, S. 208 ff.

W. Schuller, Die Welt der Hetären, Stuttgart 2008.

A. K. Siems (Hg.), Sexualität und Erotik in der Antike, Darmstadt ²1994.

A. Skiadas, Periuria amantum, in: Festschrift E. Burck, Amsterdam 1975, S. 400 ff.

S. A. Schleuter, Studies in Ovid's Ars amatoria, Diss. Austin 1975.

J. B. Solodov, Ovid's Ars amatoria: The lover as cultural idea, in: Wiener Studien N. F. 11 (1977), S. 106 ff.

A. Spiess, Militat omnis amans. Ein Beitrag zur Bildersprache der antiken Erotik, Diss. Tübingen 1930.

L. C. Spurlock, Morality in Ovid's Ars amatoria, Diss. Iowa City 1975.

H. P. Stahl, Propertius: Love and war. Individual and state under Augustus, Berkeley / Los Angeles / London 1985.

W. Steidle, Das Motiv der Lebenswahl bei Tibull und Properz, in: Wiener Studien 75 (1962), S. 100 ff.

W. Stroh, Rhetorik und Erotik. Eine Studie zu Ovids liebesdidaktischen Gedichten, in: Würzburger Jahrbücher N. F. 5, 1979, S. 117 ff.

W. Stroh, Die römische Liebeselegie als werbende Dichtung, Amsterdam 1971.

W. Stroh, Ovids Liebeskunst und die Ehegesetze des Augustus, in: Gymnasium 86 (1979), S. 323 ff.

W. Stroh, Die Ursprünge der römischen Liebeselegie, Poetica 15 (1983), S. 205 ff.

E. Thomas, Ovid at the races, in: Hommages à M. Renard, I, Brüssel 1969, S. 710 ff.

P. Watson, Ovid and cultus. Ars am. III 113–128, in: Transactions and Proceedings of the American Philological Association 112 (1982), S. 237 ff.

P. Watson, Mythological exempla in Ovid's Ars amatoria, in: Classical Philology 78 (1983), S. 117 ff.

P. Watson, Love as civilizer. Ovid, Ars am. II 467–491, in: Latomus 43 (1984), S. 389 ff.

M. Weber, Die mythologischen Erzählungen in Ovids Liebeskunst, Frankfurt a. M. / Bern 1983.

K.-W. Weeber, Das 4. Properz-Buch. Interpretationen zu seiner Eigenart und seiner Stellung im Gesamtwerk, Diss. Bochum 1977.

K.-W. Weeber, Panem et circenses. Massenunterhaltung als Politik im antiken Rom, Mainz 1994.

K.-W. Weeber, Alltag im alten Rom. Ein Lexikon, Düsseldorf [8]2006.

K.-W. Weeber, Decius war hier. Das Beste aus der römischen Graffiti-Szene, Düsseldorf [4]2006.

K.-W. Weeber, Ganz Rom in 7 Tagen. Ein Zeitreiseführer in die Antike, Darmstadt 2008.

J. Wildberger, Ovids Schule der »elegischen« Liebe. Erotodidaxe und Psychagogie in der Ars amatoria, Frankfurt/M. 1998.

M. Wyke, The elegiac woman at Rome, in: Proceedings of the Classical Philological Society 213 (1987), S. 153 ff.

M. Wyke, The Roman mistress. Ancient and modern representations, Oxford 2002.

J. C. Yardley, The elegiac paraclausithyron, in: Eranos 76 (1978), S. 19 ff.

H. Zabulis, Die neue Auffassung vom Menschenbild in Ovids Ars amatoria, in: Klio 67 (1985), S. 185 ff.

E. Zinn, Ovids Ars amatoria und remedia amoris. Untersuchungen zum Aufbau, Stuttgart 1970.

Abbildungsnachweis

Seite 8: Ovid, anonymer Kupferstich aus dem 18. Jh.

Seite 15: Forum Ilium: Tempel der Venus (Fotografie E. Humbert).

Seite 19: Paar in in einer Kutsche, Relief, Nationalmuseum Stockholm.

Seite 32: Wagenrennen, Fresko, Museo Nazionale Napoli.

Seite 37: Rom: Colosseum (Fotografie E. Humbert).

Seite 43: Erwartungsvoll schauende Frauen, Fresko, Museo Nazionale Napoli.

Seite 51: Fischbecher aus Trier, aus: K.-W. Weeber, Die Weinkultur der Römer, Düsseldorf 3/2004, Tafel 14.

Seite 55: Tanzendes Mädchen, Schalenbild, Eremitage, Leningrad.

Seite 59: Tänzerin mit Kastagnetten, Staatliche Museen, Berlin, aus: H. Licht, Sittengeschichte Griechenlands, Bd. 1: Die Griechische Gesellschaft, Zürich 1925, S. 69.

Seite 63: Mänade und Satyr, Fresko (Ausschnitt) Museo Nazionale Napoli.

Seite 66: Polyptychon, Wachstafel, Griffel und Tintenfaß, aus: K.-W. Weeber, Alltag im Alten Rom, Düsseldorf, 8. Aufl. 2006, S. 308.

Seite 70: Patrizier in seinem Sessel, Fresko aus dem Haus des Menander, Museo Nazionale Napoli.

Seite 80: Leda und der Schwan, Marmorrelief aus Brauron (h. Porto Rafti), Nationales Archäologisches Museum, Athen.

Seite 82: Das Urteil des Paris, Wandmalerei aus Pompeji, Museo Nazionale Napoli.

Seite 88: Pompejanisches Graffito, aus: K.-W. Weeber, Decius war hier. Das Beste aus der römischen Graffiti-Szene. Düsseldorf ⁴2006, S. 19.

Seite 92: Narziß und Echo, Fresko aus dem Haus des Cornelius Teges, Museo Nazionale Napoli.

Seite 94: Odysseus und Kirke (?), Malerei aus dem Haus der Dioskuren in Pompeji (um 54–68 n. Chr.), Museo Nazionale Napoli.

Sete 99: Nymphe wehrt zudringlichen Satyr ab, Relief, Museo Nazionale Napoli.

Seite 106: Mumienporträt einer Frau der Oberschicht (180 n. Chr.), British Museum, London, aus: K.-W. Weeber, Alltag im Alten Rom, Düsseldorf, 8. Aufl. 2006, Tafel 21.

Seite 109: Römische Dame Marmorbild (spätflavische Zeit), Museo Capitolino, Rom, aus: Lesebuch der Antike, ausgewählt und zusammengestellt von L. Voit, Bd. 3: Die römische Kaiserzeit von Augustus bis Boëthius, München 198, S. 365.

Seite 112: Schminkkassette aus Elfenbein und Metall, Museo Nazionale Napoli, aus: K.-W. Weeber, Alltag im Alten Rom, Zürich 3. Aufl. 1997, S. 241.

Die Vorlagen der nicht aus den zitierten Büchern entnommenen Abbildungen stammen aus dem Artemis & Winkler Verlagsarchiv.

Abschnittsgliederung

❖

Erotische Jagdgründe im alten Rom –
Eine alternative Ruinen-Führung

Wenn das Caesar wüßte ... – Der verliebte Rechtsanwalt • »Angeln« im Menschenmeer des alten Rom • Das Forum Augustum – Wo der rächende Mars Verliebte zusammenbringt • Wo es viel zu sehen gab: Der Triumphzug aus erotischer Sicht • »Ein für Keuschheit gefährlicher Ort« – Schau-Platz Theater • Verführung zum Verführen – Laszives auf der Bühne • Theater und Liebe – eine altrömische Tradition? • »Das Gesetz des Ortes verlangt, das Mädchen zu berühren« – Mit Ovid im Circus Maximus • Flirten mit der Venus-Statue • Selbstverleugnung beim Wagenrennen – Schmerzhaft, aber hilfreich • Eroberungsstrategien im Circus: Kavaliersdienste und Revierverteidigung • Amor im Colosseum? – Von den Wunden des Amphitheaters • Lustwandeln im Schatten – Treffpunkt Säulenhalle • »So viele und so schöne...« – Mädchenparadies Rom? • Die »jungfräuliche Wasserleitung« – wo man heute »angeln« kann

Wo »Venus im Wein wie Feuer im Feuer wirkt« –
Das Gastmahl als Ort der Versuchung

Zugreifen wie die schöne Helena • Der Rausch als Erotik-»Killer« • »Ohne Bacchus friert Venus« – Flirtstimulans Wein • Küsse auf Entfernung – Das Weinglas als Medium • Feuchte Liebespost • Der Wein als Waffe – mal listig, mal deftig • Rahmenbedingungen für amouröse *wellness* • Herrenabend mit Hetären – Das griechische Symposion als Vorbild • Mutige Matronen und »Meister des Hüftwiegens« – Das »neue« Gastmahl als Stätte erotischer Begegnung • Von Blicken und Worten … • … bis zur »Vollendung des süßen Werks« • … *et respice finem!*

Schriftliche Annäherung – Der klassische Liebesbrief

Diskret und klein im Format – Die Vitellius-Täfelchen • »Versprich nur wacker!« – Der Liebesbrief als Mogelpackung • Wortgeklingel und hohles Pathos: »Reiner Wahnsinn!« – Sprache und Stil des Liebesbriefs • Zuverlässige Boten, verstellte Handschrift, fiktiver Empfänger – Methoden der Geheimhaltung • Anforderungsprofil für einen guten *Postillon d'amour* • Gratwanderung zwischen Bangen und Hoffen: Die Antwort des Mädchens • *Propositum tene!* – Von richtigen und falschen Reaktionen auf eine enttäuschende Antwort

Strategien männlicher Liebeswerbung

Initiative ist Männersache • *Praeconium formae* – Komplimente als Werbungs-Droge • Vom Vorteil, Nachteile schön zu reden • Fundgrube für Komplimente: Die römische Liebeselegie • Vom »göttlichen Mädchen« bis zum »Fischlein« – Lateinische Kosenamen • Vom Reiz der männlichen Erscheinung – Wie präsentiert sich der Liebhaber? • Vorsicht: Hübscher Mann! • »Schön war Odysseus nicht, aber beredt« – Auch Bildung kann betören • Schwören leicht gemacht – Zur Geschichte des Liebesschwurs • Falsche Tränen, echter Liebeskummer – Die Mitleid-Strategie • Eine Strategie, die schockt – Draufgängertum bis zum plötzlichen »Liebesraub« • Ovid im Zwielicht • Gewalt, Zärtlichkeit, Erfüllung – Antike und moderne Konzepte im Widerstreit

Natürliche Schönheit – Eine seltene Göttergabe • Schmuck und Kleidung machen sinnlich – aber in welchem Umfang? • Der Spiegel als Typberater – Haarpflege im Dienste der Attraktivität • Borstige Schenkel: nein danke! – Basislektion in Hygiene • *Culta placent:* Make-up hoch im Kurs • Fließende Masken, stinkende Salben – Was Männern verborgen bleiben sollte • Schönheitskorrekturen durch Tarnung von Defiziten • Die gefährlichste Waffe einer Frau: ihr Charme • Wiegende Hüften, entblößte Schulter – Ein bißchen Koketterie darf sein • Die hohe Kunst des erotischen Lächelns • »Wenn die Stimme das Band knüpft …« – Vom sinnlichen Reiz musischer Bildung • Lieb, reizend und umgänglich – Mit diesem Frauenbild konnte selbst der Alte Cato leben • »Kaum zu glauben, daß sich ein Mann in euer Bett legt!« – Ovid auf Kollisionskurs mit mürrischen Matronen und Heroinen • Männliche Eitelkeit – Ansatzpunkt für erfolgreiche Charme-Offensiven • Wohlberechnete kalte Duschen: Die Feuer- und-Wasser-Strategie • Kopfschmerzen, Isis-Tage und strenge Aufsicht – Das Spiel der punktuellen Verweigerung • Eifersucht – Der Liebestrank mit Zauberkaft • Heute wird gefensterlt! – Kleine Tricks erhalten die Leidenschaft

Komplizen, Spielverderber, Instrumente? –
Vom Umgang mit Dritten im erotischen Raum

»Bestich sie mit Versprechungen!« – Die Sklavin als »Agentin« • Die Versuchung am Rande: Techtelmechtel mit der Zofe • Tüchtiges Personal – aus Sicht des Verehrers … • … und aus Sicht der umworbenen Dame • »Lästige Fürsorge«: Ein Liebeswächter für die Frau • Wie man einen Wächter ausschaltet • Honorar fürs Wegschauen • »Sorgenlöser« Wein löst auch der Verliebten Sorgen • »Der elende Schwätzer wird es büßen!« – Psycho-Angriffe